현정화의
퍼펙트
탁구교본

퍼펙트 스포츠 시리즈

현정화의 퍼펙트 탁구교본

PERFECT TABLE TENNIS

현정화 지음

samho MEDIA

추천사

스포츠계에는 많은 속설(俗說)이 있습니다. 데뷔 첫해에 뛰어난 활약을 했던 선수가 그 이듬해에 부진한 경우를 이르는 "2년생 징크스"나, 첫 우승의 어려움을 에둘러 표현하는 "고기도 먹어 본 사람이 먹는다" 등의 표현이 그 예입니다. 그리고 이러한 속설 가운데 가장 많이 알려진 것이 "스타 선수는 훌륭한 지도자가 될 수 없다"라는 말입니다. 실패의 아픔을 이해하고 남을 잘 배려해야 하는 지도자의 덕목을 개성이 강한 스타플레이어가 갖추기는 어렵다는 말이지요.

그러나 언제나 예외가 있듯이 우리 스포츠계에서도 이 속설을 보란 듯이 깨는 경우가 있습니다. 바로 이 책의 저자인 현정화 감독이 그렇습니다. 지난해 세계탁구연맹이 그녀를 명예의 전당에 헌액한 사실이 입증하듯 현역 시절의 현정화 선수는 뛰어난 스타였습니다. 그리고 지금 그녀는 선수 시절의 가치를 훨씬 뛰어넘는 맹활약으로 우리 스포츠의 가치를 높이고 있습니다. 가정주부, 탁구단 감독, 최초의 경기단체인 대한탁구협회 실무책임자 그리고 여러 체육 관련 기관의 임원으로 바쁜 나날을 보내고 있습니다. 가녀린 외모 어디에서 그러한 열정과 추진력이 나오는 것인지 놀라울 따름입니다.

필자는 한국 체육의 총본산인 대한체육회의 사무총장직에 있었기에 체육인을 접할 기회가 많았습니다. 그럼에도 불구하고 현정화 감독만큼 다방면에서 뛰어난 역량을 발휘하는 경우는 좀처럼 찾아보기 힘듭니다. 그만큼 현정화 감독은 우리 스포츠계의 자랑입니다.

한국 스포츠는 언제나 국민과 애환을 같이하며 온 국민을 하나로 묶고 국격을 높이는

데 열정을 다해 왔습니다. 그 결과 지금 세계 10위권의 '스포츠 강국'이 되었고 진정한 스포츠 선진국으로의 진입 직전에 와 있습니다. 그러나 여러 면에서 부족함이 많은 것 또한 현실입니다. 특히 현장에서 땀을 흘리는 선수와 지도자가 체계적으로 도움을 받으며 배움을 구할 수 있는 '한국인의 특성에 맞는 전문 서적'이 부족합니다. 그렇기에 현정화 감독의 경험과 연륜이 담겨 있는 이 책이 더욱 반갑습니다.

「현정화의 퍼펙트 탁구교본」은 탁구를 좋아하는 분들과 선수뿐만 아니라, 지도자에게도 우수한 자양분이 될 것이라 여겨집니다.

前 대한체육회 사무총장

최 종 준

머리말

처음 출판사로부터 전문 탁구교본에 관한 출간 제의를 받고 난 뒤 한참을 망설였습니다. 탁구의 동작 하나하나는 내 몸의 일부분처럼 깊숙이 배어 너무나 잘 알고 있는 것이었지만, 많은 사람들이 그 느낌을 공감하도록 설명할 수 있을 것인가에 대한 확신이 부족했기 때문이었습니다. 그러나 지난 30여 년 동안 저를 아끼고 사랑해주시며 지금도 응원해주시는 많은 팬들을 위해 조심스레 용기를 내게 되었습니다.

10살에 처음 탁구를 시작해 그 어떤 선수보다 행복한 선수 시절을 보냈습니다. 서울에서 열렸던 86아시안게임과 88올림픽은 온 국민이 지켜보는 가운데 금메달을 영광을 안았습니다. 세계선수권대회에서 4종목의 금메달을 획득할 수 있었던 것은 좋은 파트너들을 만난 덕분이었습니다. 87년에는 여자복식에서 양영자 선수를, 89년에는 혼합복식에서 유남규 선수, 그리고 91년 남북단일팀에서는 북한 선수들을 만났습니다. 그리고 93년에는 제가 그토록 바라던 단식 우승의 영광과 함께 그랜드슬램이라는 타이틀을 이루게 되었습니다.

이 소중한 만남은 제게 너무나 큰 행복과 영광을 안겨 주었습니다. 혹독한 훈련과 날마다 반복되는 선수촌 합숙 생활에 지칠 만도 했지만, 탁구가 주는 즐거움과 기술을 발전시켜 나가는 성취감에 시간 가는 줄 몰랐습니다. 지도자 생활을 시작하던 그 순간의 설렘 또한 잊을 수 없

습니다. 선수들의 기량이 향상되어 조금씩 성장을 하고 있음을 실감할 때마다 크나큰 보람을 느꼈으며, 그 선수들이 메달을 획득하는 것을 보면서 무엇과도 견줄 수 없는 소중한 기쁨을 얻었습니다.

이렇듯 탁구는 내 인생에 무한한 행복을 가져다주는 존재입니다. 조심스레 이 책을 많은 분들께 내어놓은 것도 탁구로 인해 행복했던 시간들을 나누어 드리고 많은 분들과 그 기쁨을 공감하기 위함입니다. 아무쪼록 이 책이 탁구를 배우고 싶어 하시는 분들과 그동안 많은 응원을 아끼지 않으셨던 분들에게 조금이나마 도움이 되기를 진심으로 바랍니다. 그리고 마지막으로 이 책을 쓸 수 있도록 용기를 주신 삼호미디어 대표님을 비롯한 직원분들께 감사의 말씀을 드립니다.

현정화.

목차

01 탁구의 기본 ... 13

기본 도구	탁구 도구의 종류와 특징을 알아보자	14
경기 영역	경기 영역과 공간을 알아보자	18
기본자세	올바른 기본자세를 익힌다	20
그립법	그립의 종류와 특징을 알아보자	22
	팬홀더 그립	22
	팬홀더 쇼트 그립	23
	셰이크핸드 그립	23
탁구 전형	탁구 전형의 특징을 알아보자	24
	전진속공형	24
	톱스핀형	24
	수비형	25
풋워크	정확한 풋워크로 기술의 완성도를 높인다	26
	좌우 풋워크	26
	전후 풋워크	30
스트로크	기본 스트로크를 배워보자	
	포핸드 스트로크	34
	백핸드 스트로크	36
라켓 각도	구질에 따라 라켓의 각도를 조절한다	38
	포핸드로 받을 때의 라켓 각도	38
	백핸드 및 쇼트로 받을 때의 라켓 각도	40

02 타법의 종류와 특징 · 43

쇼트 — 쇼트로 안전하게 디펜스한다 · 44
- 펜홀더 쇼트 · 44
- 셰이크핸드 쇼트 · 46

스매시 — 강력한 득점 기술, 스매시 · 48
- 셰이크핸드 포핸드 스매시 · 48
- 셰이크핸드 백핸드 스매시 · 52
- 펜홀더 포핸드 스매시 · 54
- 팬홀더 백핸드 스매시 · 56

톱스핀 — 탁구의 꽃, 톱스핀 · 58
- 펜홀더 포핸드 톱스핀 · 58
- 셰이크핸드 포핸드 톱스핀 · 62
- 셰이크핸드 백핸드 톱스핀 · 66

푸시 — 손목으로 거는 역회전, 푸시 · 68
- 펜홀더 포핸드 푸시 · 68
- 펜홀더 백핸드 푸시 · 70
- 셰이크핸드 포핸드 푸시 · 72
- 셰이크핸드 백핸드 푸시 · 74
- 수비형 롱푸시 · 76
- 푸시공에 대한 대응법 · 80

블록 — 상대 힘을 이용한 역습, 블록 · 84
- 포핸드 블록 · 84
- 백핸드 블록 · 86

플릭 — 짧은 공에 대한 선제 공격, 플릭 · 88
- 포핸드 플릭 · 88
- 백핸드 플릭 · 90

로빙 — 수세에서의 유용한 방어술, 로빙 · 92
- 로빙공에 대한 대응법 · 94

드롭 — 급습을 위한 짧은 타구, 드롭 · 96
- 포핸드 드롭 · 96
- 백핸드 드롭 · 98

백숏어택	**더욱 위력적인 공격, 백숏어택** 100
	펜홀더 백숏어택 100
	셰이크핸드 백숏어택 102
사이드스핀 쇼트	**구질에 변화를 주는 사이드스핀 쇼트** 104
	정면으로 들어온 공을 대각선으로 보내는 사이드스핀 쇼트 104
	대각선으로 들어온 공을 정면으로 보내는 사이드스핀 쇼트 106
	대각선에서 들어온 강한 톱스핀을 정면으로 보내는 사이드스핀 쇼트 ...108
하프 발리	**중・후진에서의 방어술, 하프 발리** 110
이면타법	**펜홀더 백핸드 톱스핀의 다른 이름, 이면타법** 112
치키타	**상대의 서브를 강하게 반격하는 기술, 치키타** 114

03 서비스와 리시브 119

서비스 규정	**올바른 서비스 방법을 익혀보자** 120
	서비스 방법 및 주의사항 121
서비스 종류와 특징	**여러 가지 서비스를 익혀보자** 124
	언더스핀 서비스(하회전) 124
	너클 서비스(무회전) 126
	사이드스핀 서비스(횡회전) 128
	롱 서비스 130
	YG 서비스(역횡회전) 132
	백핸드 서비스 134
리시브 종류와 특징	**여러 가지 리시브를 익혀보자** 138
	길게 하는 푸시 리시브 138
	짧게 놓는 스톱푸시 리시브 142
	플릭 리시브 146

04 실전 기술 강화를 위한 훈련법 ... 151

실전 대비 훈련법   실전에 대비하여 갖추어야 할 사항 ... 152
     불안감 해소를 위한 훈련 ... 152
     정확한 기술 구사를 위한 훈련 ... 153
     시합을 주도하기 위한 훈련 ... 154

3구째 공격   3구에서 득점을 성공시킨다 ... 156
     포어사이드에서의 3구 공격법 ... 156
     백사이드에서의 3구 공격법 ... 158
     백사이드에서 3구 공격 시 발의 위치 ... 159

톱스핀 후의 공격법   톱스핀으로 3구 공격 후 톱스핀 연속 공격 ... 160
     톱스핀 이후의 공격법 ... 160

포핸드 공격 훈련법   포핸드 공격력을 강화한다 ... 162
     풋워크 강화 ... 162
     스윙 스피드의 강화 ... 165
     푸시공에 대응하여 득점하는 훈련법 ... 167

백핸드 수비 훈련법   백핸드 수비력을 강화한다 ... 168
     백핸드 수비력과 쇼트의 강화 ... 168

포핸드-백핸드 전환 훈련법   포핸드와 백핸드 전환을 익혀보자 ... 171
     빠른 포핸드와 백핸드 전환 훈련 1 ... 171
     빠른 포핸드와 백핸드 전환 훈련 2 ... 174

랠리 훈련법   랠리 능력을 향상시킨다 ... 177
     랠리 향상 훈련법 ... 178

복식 훈련법   복식 훈련으로 시합감을 향상시킨다 ... 180
     복식에서의 위치 전환 ... 180
     복식에서의 서비스 순서 ... 182

05 승리를 위한 시합 전술 185

단식 서비스 전술   단식에서의 서비스 전술 186
- 긴 서비스를 이용한 전술 186
- 짧은 서비스를 이용한 전술 191

단식 리시브 전술   단식에서의 리시브 전술 193
- 짧은 서비스에 대한 리시브 전술 193
- 플릭을 이용한 리시브 전술 195
- 긴 서비스에 대한 리시브 전술 197

복식 서비스 전술   복식에서의 서비스 전술 198
- 미들로 짧게 보내는 푸시 서비스를 이용한 전술 198

복식 리시브 전술   복식에서의 리시브 전술 203
- 짧은 푸시 서비스에 대한 리시브 전술 203

부록   체력 향상을 위한 웨이트 트레이닝과 스트레칭 207

웨이트 트레이닝   웨이트 트레이닝으로 근력을 강화하고 부상을 예방한다 208
- 레그 익스텐션 : 다리 근육 단련 208
- 프론트 풀다운 : 등 근육 단련 209
- 리스트 컬 : 손목 및 아래팔 단련 209

스트레칭   스트레칭으로 유연성을 기른다 210
- 허리 스트레칭 210
- 고관절 스트레칭 214
- 옆구리 스트레칭 214
- 어깨, 팔 스트레칭 215
- 목 스트레칭 215

탁구 용어   탁구 관련 용어 216

탁구 규칙   탁구 도구 및 경기 관련 규칙 219

탁구의 기본

PART 01

기본 도구

탁구 도구의 종류와 특징을 알아보자

본격적으로 탁구를 즐기기에 앞서 기본적인 도구의 종류와 특징을 간단하게 살펴보자. 탁구용품은 얼핏 단순해 보이지만 기능과 특성, 플레이 스타일에 따라 그 종류가 다양하게 나누어진다. 꼼꼼히 잘 살펴보고 자신에게 맞는 도구를 선택해보자.

〉〉공

탁구공의 지름은 40mm이며, 무게는 2.7g이다. 셀룰로이드 또는 그와 유사한 플라스틱 재질로 이루어져 있으며, 무광택의 흰색이나 오렌지색을 띤다. 시합 시에는 별 세 개가 인쇄된 공인구를 사용한다.

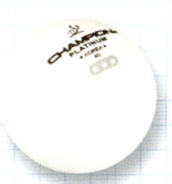

〉〉라켓

라켓은 크게 펜홀더 라켓과 셰이크핸드 라켓으로 나눌 수 있다. 라켓은 기본적으로 판이 평평하고 단단해야 하며, 판 두께의 85%는 원목 소재여야 한다. 무게나 모양, 크기는 특별한 제한이 없다. 시합을 하다 보면 라켓이 파손되는 경우가 발생할 수 있으므로 만약을 대비하여 두 개 이상의 라켓을 준비해두는 것이 좋다. 라켓 교체는 심판의 판단하에 심하게 파손된 경우에만 허락된다.

펜홀더 라켓

펜홀더라는 이름 그대로 펜을 잡듯이 그립하는 라켓이다. 한쪽 면에만 러버를 붙여 포핸드, 백핸드를 하나의 면으로 치는 것이 기본이지만 라켓 양면에 러버를 붙여서 이면타법(양면스윙)을 구사할 수도 있다. 펜홀더 라켓은 판의 모양에 따라 각형, 구형, 각구형, 중국식, 반전식 등 여러 가지 종류가 있다.

셰이크핸드 라켓

셰이크핸드는 악수를 하듯이 그립하는 라켓이다. 양면을 사용하기 때문에 펜홀더와 비교해 포핸드와 백핸드의 전환이 쉽다고 알려져 있으며, 라켓은 손잡이의 모양에 따라 스트레이트형, 플레어형, 아나토믹형 등으로 나누어진다. 요즘에는 대부분의 선수들이 셰이크핸드를 선호하는 추세이다.

라켓의 무게

라켓을 선택할 때 무게를 대수롭지 않게 여길 수 있겠지만 그 사소한 차이로 손의 피로와 공의 위력이 달라질 수 있다. 초보자가 라켓을 선택할 때에는 아래의 기준을 참고하도록 하자. 물론 이는 평균적인 기준치이며 개인의 체력이나 체구에 따라 가감하여 선택한다.

라켓 종류	초·중등학생	고등학생 이상 성인
펜홀더	90~95g 정도	95~98g 정도
셰이크핸드	85~88g 정도	90~92g 정도

》러버

러버는 공에 직접적으로 접촉되는 부분으로 라켓을 구성하는 핵심 요소이다. 고무로 된 위쪽 톱시트(고무시트)와 라켓 판에 밀착되는 스펀지로 이루어져 있으며, 총 두께는 접착제를 포함하여 4mm를 초과하지 않아야 한다. 색깔은 양면으로 사용하는 경우 한쪽 면은 빨강색, 다른 한쪽은 검정색으로 구별되어야 한다.

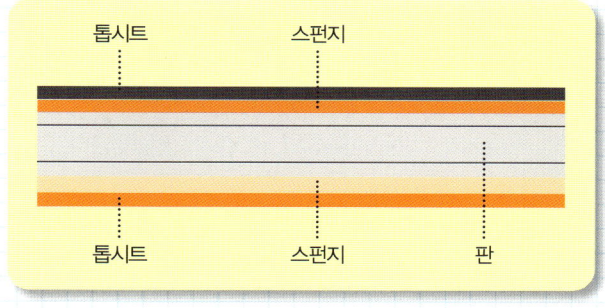

평면 러버

톱시트에 있는 돌기가 스펀지 쪽으로 붙어 있는 러버로, 핌플 인 러버(pimple in rubber)라고도 한다. 스펀지 쪽으로 돌기가 나와 있어 스펀지의 탄성을 이용해 타구 시 톱시트(고무시트)에 마찰을 많이 줄 수 있다. 스핀을 걸기 쉬워 톱스핀을 안정적으로 구사할 수 있다는 장점이 있으며, 일반적으로 가장 많이 사용되는 러버이다.

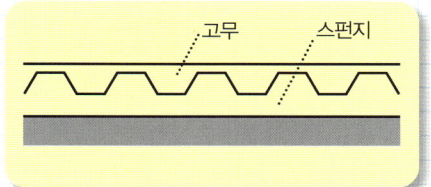

돌출 러버

평면 러버와 반대 개념의 러버로, 돌기가 겉으로 나와 있어 핌플 아웃 러버(pimple out rubber)라고도 한다. 돌출 러버는 공에 회전을 가하기보다는 공을 빠르게 보내는 데 적합하다. 평면 러버보다는 회전의 영향을 덜 받기 때문에 회전공을 되받아 칠 때 유리하지만, 반대로 사용자가 회전을 걸기 어렵다는 단점이 있다.

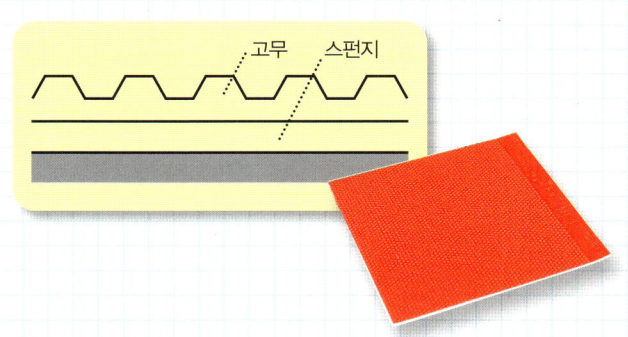

롱핌플 러버

얼핏 보면 돌출 러버와 비슷하게 보이는 롱핌플 러버는 돌출 러버보다 돌기가 가늘고 부드럽다. 상대가 건 회전을 역이용하여 변화를 가하는 데 적합하여 주로 수비 전형의 선수들이 사용한다. 걸려온 회전의 영향을 받지 않는다는 장점이 있는 반면, 스피드를 내지 못하는 단점이 있다.

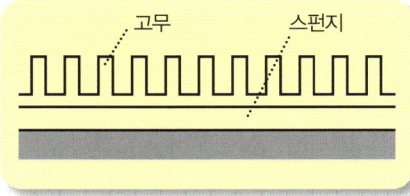

기본 도구

안티스핀 러버 (anti-spin rubber)
평면 러버와 같은 구조이지만, 마찰력을 극소화시켜 공이 쉽게 미끄러지도록 만든 러버이다. 공이 표면에서 미끄러지기 때문에 회전의 영향을 거의 받지 않으며, 회전을 걸 수도 없다.

하이텐션 러버 (high tension rubber)
일반 러버보다 고무의 탄성을 더욱 살린 러버로, 일반 러버보다 가격이 높은 편이다. 평면 러버와 모양은 비슷하지만 공이 훨씬 잘 튀며, 회전력도 높일 수 있다.

오소독스 러버 (orthodox rubber)
기본적으로 돌출 러버나 롱핌플 러버와 같지만, 스펀지 없이 톱시트만으로 이루어진 러버이다. 핌플 러버보다 공의 위력이 덜하며 회전이 걸리지 않는다.

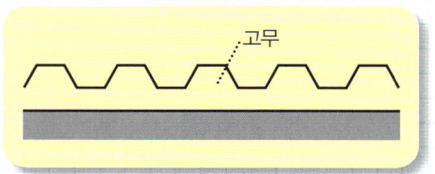

≫ 탁구 라켓의 관리
라켓 관리 방법으로 특별한 주의사항이 있는 것은 아니다. 사용한 라켓은 러버에 묻은 먼지를 러버 클리너로 깨끗이 닦아서 보관하면 된다. 라켓을 햇빛에 두면 러버가 손상되므로 사용하지 않을 때에는 라켓 케이스에 넣어 두는 것이 좋다.

러버 클리너
러버는 많이 사용할수록 고무의 탄성이 줄어든다. 사용하는 사람에 따라 차이는 있겠지만, 러버의 수명은 일반적으로 2~3개월 정도로 그리 길지 않다. 이때 러버 클리너로 러버를 자주 닦고 제대로 보관하면 러버의 수명을 좀 더 늘릴 수 있다.

라켓 케이스
라켓 케이스도 종류와 디자인이 다양하다. 별다른 특징은 없으므로 자신의 기호에 맞게 구입하자.

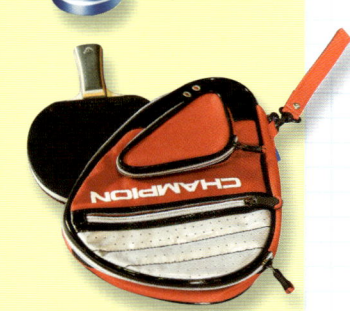

러버 접착제
러버는 영구적인 부품이 아니다. 경기나 연습을 하는 과정에서 쉽게 손상되므로 수시로 러버를 교체해야 한다. 러버 전용 접착제를 이용해 러버 안쪽에 풀칠을 하고 라켓에 부착한다.

≫ 탁구 경기 시 복장

탁구 경기를 할 때에는 일반적으로 반소매 티셔츠, 반바지를 착용한다. 땀 흡수력이 좋고 활동하기 편한 것으로 취향에 따라 선택한다.

경기 시 복장에 관한 규정

국제 경기에 참가한 선수들은 소속 협회가 공인한 유니폼을 입어야 한다. 유니폼의 일반적인 모양은 반소매 티셔츠에 반바지이지만 여자선수의 경우 간혹 민소매 셔츠나 스커트를 입기도 한다. 단 무슬림 여성들은 심판장의 허락하에 긴소매 티셔츠와 긴바지, 스카프를 착용하고 시합에 임하기도 한다. 신발과 양말은 자유롭게 착용할 수 있다. 유니폼의 색은 시합 시 사용하는 공의 색과 확연하게 구분되는 색이어야 하며, 상대 선수의 눈에 빛을 반사하는 악세사리를 착용해서는 안된다. 불쾌감이나 혐오감을 줄 수 있는 무늬나 그림도 넣을 수 없다. 또한 양 선수는 심판과 관중들이 볼 때 구별이 가능할 수 있도록 다른 색상의 유니폼을 착용해야 한다. 시합 전 양측 선수나 팀은 토스를 하여 유니폼의 색상을 선택한다.

전용 탁구화

탁구화는 발에 꼭 맞는 것을 선택한다. 빠르게 움직이는 속공을 즐기는 플레이 스타일일수록 가벼운 탁구화를 고르는 것이 좋다. 바닥과 발에 밀착감을 주고 싶은 사람은 재질이 얇은 탁구화를 착용하고, 바닥의 탄성을 이용하고 싶은 사람은 재질이 두꺼운 탁구화를 착용하도록 한다.

경기 영역

경기 영역과 공간을 알아보자

>> **경기장**

국제 경기의 경우 경기장의 총 길이는 14m, 폭은 7m, 높이는 5m 이상의 직사각형 형태이다. 경기장 조명의 밝기는 세계대회나 올림픽의 경우 1000룩스, 기타 경기는 600룩스여야 하고 천장은 바닥으로부터 5m 이상 높이에 있어야 한다.

>> **탁구대**

시합 표면이 되는 탁구대의 상판 표면은 어떤 재료를 사용해도 무방하나 표준 규격의 공을 30cm 높이에서 떨어뜨렸을 때 약 23cm로 일정하게 튀어야 한다. 초록 또는 파란 계통의 균일한 색으로 무광택이어야 하며, 각 면의 가장자리를 따라 그어진 사이드라인과 엔드라인은 2cm의 폭에 흰색이어야 한다.

네트, 지주대, 지주봉은 통틀어 네트 어셈블리(net assembly)라고 한다. 네트는 밑바닥이 전체적으로 표면에 최대한 가깝게 설치되어야 하며 네트의 양쪽 끝 또한 지주봉에 최대한 가깝게 붙어야 한다.

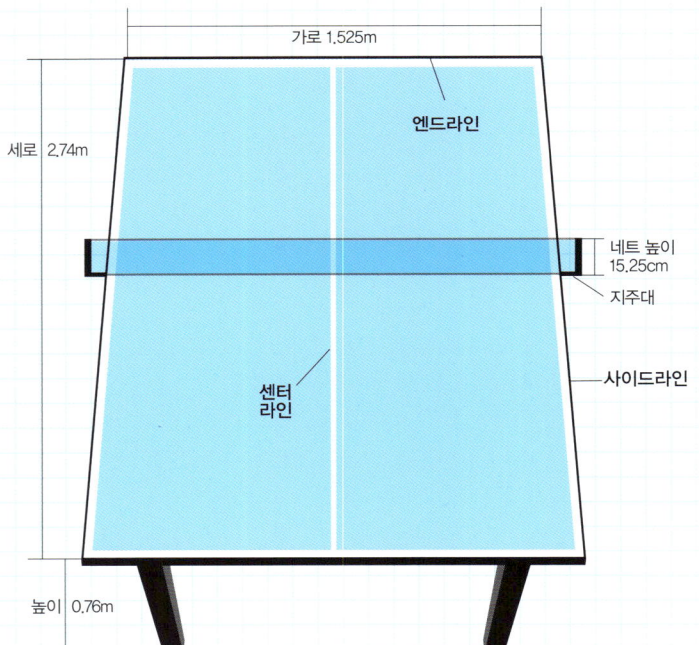

▶▶ 영역과 코스

센터라인을 중심에 두고 섰을 때 정면 공간을 미들이라고 하고 본인의 오른쪽 공간을 포어사이드, 왼쪽 공간은 백사이드라고 한다(오른손으로 라켓을 쥘 때의 기준임).

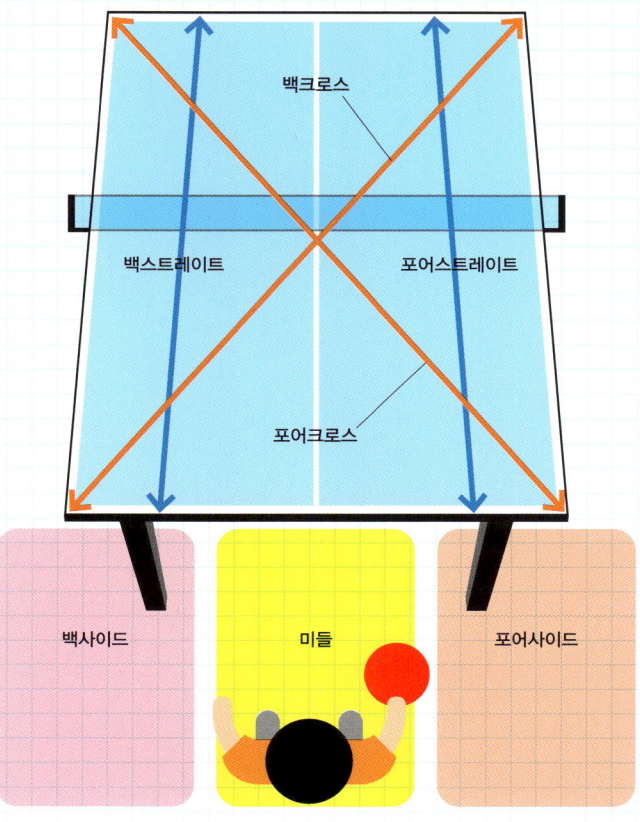

올바른 기본자세를 익힌다

어떠한 운동이든 기본자세가 정확해야 좋은 플레이를 펼칠 수 있다. 특히 탁구는 굉장히 빠른 속도의 공을 주고받는 스포츠이기 때문에 어떤 스윙을 하더라도 곧바로 기본자세로 돌아오는 것이 중요하다. 신속하고 자연스럽게 기본자세로 돌아가서 다음 공에 대한 대비를 할 수 있어야 한다.

이동이 용이하도록 어깨너비보다 조금 더 발을 벌리고 발 앞꿈치에 힘을 주어 중심을 앞에 둔다. 무릎은 약간 구부리고 상체를 조금 숙인 상태로 전후좌우 빠르게 움직일 준비를 한다.
기본적으로 발은 탁구대의 엔드라인과 평행을 이룬 상태에서 라켓을 잡은 쪽 발을 약간 뒤로 빼주는데, 이는 공을 재빨리 타구하기 위함이다.

자세가 앞으로 너무 치우치면 중심이 불안해지고 허리를 이용할 수 없다.

자세가 뒤로 기울어지면 중심이 뒤쪽으로 쏠려 움직임이 둔해지고 중심 이동도 제대로 이루어지지 않는다.

다리를 너무 넓게 벌리면 무릎의 탄력을 이용하기 힘들기 때문에 이동 범위가 좁아진다.

다리 간격이 너무 좁으면 중심이 위에 있기 때문에 자세가 불안정해지며, 무릎의 탄력을 사용할 수 없어 이동 범위가 좁아진다.

그립법

그립의 종류와 특징을 알아보자

기본적으로 탁구의 그립법은 펜을 잡듯이 라켓을 쥐는 펜홀더 그립과, 악수하듯이 라켓을 잡는 셰이크핸드 그립으로 나눌 수 있다. 각 그립법의 특성과 손 모양을 배워보자.

팬홀더 그립

사진처럼 엄지와 검지로 펜을 쥐듯 라켓을 잡는다. 엄지와 검지 부분에 힘을 주지 않고 걸치듯이 잡는 것이 포인트다. 손가락에 힘을 주면 손목에도 힘이 들어가 동작이 뻣뻣해지기 때문에 백핸드 전환이 어려워진다. 말하자면 손목과 손가락을 움직이기 쉽도록 잡아야 한다는 것이다. 엄지는 펴는 것이 좋으며 뒷면에서는 중지, 약지, 새끼손가락을 쭉 펴지 말고 사진처럼 동그랗게 오므려주는 것이 좋다. 라켓 뒷면의 중앙 부분을 중지로 잘 받치고 약지도 함께 가볍게 받쳐 든다.

현정화 어드바이스

라켓 뒷부분에 놓인 손가락을 펴는 사람들이 많은데, 손목에 힘이 들어가지 않게 하기 위해서는 동그란 모양이 되도록 손가락을 오므려야 한다.
또한 손목을 올려 그립하지 않도록 주의해야 한다. 손목을 꺾어 올려 손목에 힘이 많이 들어가면 자연스러운 스냅을 구사할 수 없다.

펜홀더 쇼트 그립

펜홀더 쇼트 그립법은 펜홀더로 백핸드 쇼트를 구사할 때 사용하는 그립법이다. 엄지를 세우고 검지로 라켓을 누르면서 중지도 함께 힘을 주는 것이 포인트다. 기본 펜홀더 그립에서 빠르고 자연스럽게 펜홀더 쇼트 그립으로 전환해야 하며, 라켓 면을 상대방 쪽으로 잘 조절해서 타구해야 한다. 펜홀더 쇼트 그립을 능숙하게 구사할 수 있도록 반복해서 연습하자.

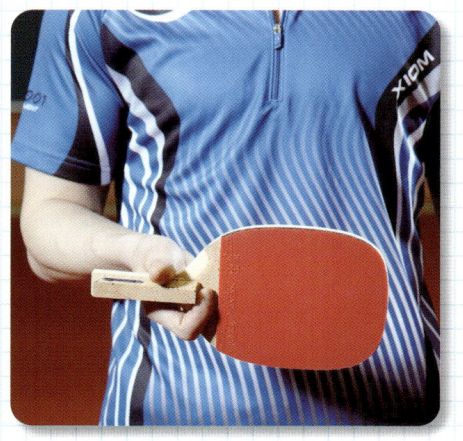

현정화 어드바이스

엄지를 라켓에서 떨어뜨리고 검지로 라켓을 누르면서 동시에 중지도 힘을 준다.
타구 후 제자리로 돌아올 때는 엄지를 붙이면서 돌아와야 포핸드로의 전환이 쉽다.

셰이크핸드 그립

악수하듯이 부드럽게 라켓을 잡는다. 펜홀더와 마찬가지로 적당히 힘을 주어 그립하고 검지는 가볍게 펴준다. 일반적으로 포핸드나 백핸드 모두 같은 그립으로 타구하지만 사용자에 따라 약간 다르게 그립하기도 한다.

탁구 전형의 특징을 알아보자

축구에서 공격형 축구, 수비형 축구가 있듯이 탁구에서도 플레이 특성에 따른 여러 가지 전형이 있다. 대표적인 탁구 전형의 특징을 간단하게 살펴보자.

▮ 활동범위

전진속공형

주로 전진에서 공격 위주의 플레이를 구사하는 방식이다. 사람마다 차이는 있겠지만 일반적으로 전진속공형의 선수는 돌출 러버를 사용한다. 랠리는 작게 하고 상대의 공을 빠르게 타구하여 득점을 노린다. 이 스타일을 구사하는 선수로는 현정화 감독, 리자웨이 선수 등이 있다.

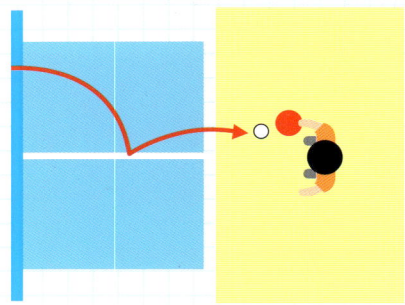

톱스핀형

테이블에서 약간 떨어진 중진에서 주로 플레이하며, 때에 따라 전진으로 나와 플레이한다. 일반적으로 평면 러버를 사용하고 활발한 풋워크를 구사하며 톱스핀 위주의 플레이를 펼친다. 톱스핀형의 선수들은 대부분 남자선수들로 류승민, 오상은, 김민석 그리고 김택수 감독, 유남규 감독 등이 있다.

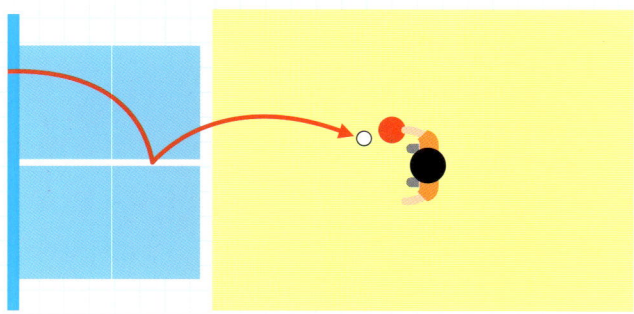

수비형

주로 푸시를 사용하여 상대의 공을 받아치는 전술을 이용하며 중진과 후진에서 플레이한다. 상대의 강력한 공을 받아내야 하므로 집중해서 공을 볼 수 있어야 하고 빠른 풋워크가 가능해야 한다. 다양한 푸시를 구사해 상대의 실수를 유도한다. 수비형을 구사하는 선수로는 주세혁, 김경아, 서효원 선수 등이 있다.

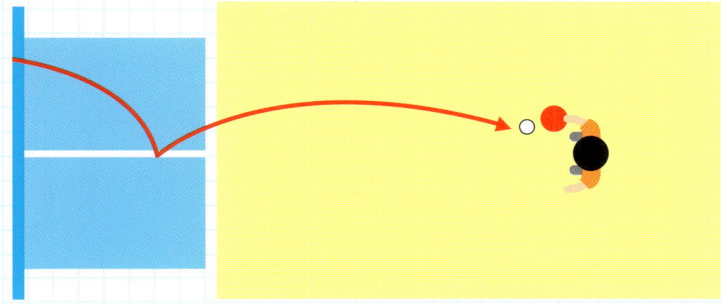

전형에 따른 타구점의 비교

다음은 전진속공형과 톱스핀형, 수비형의 타구점을 비교한 것이다. 물론 모든 선수들이 반드시 이 타구점을 지키면서 플레이하지는 않는다. 그러나 초보자들의 경우 기본적으로 이 타구점에 유의하면서 플레이하면 타구 타이밍을 수월하게 잡을 수 있을 것이다.
A ↔ B는 전진속공형의 타구점으로 공이 바운드되자마자 치거나, 정점에 이르기 전에 타구한다. A와 B의 중간 지점 ↔ D는 톱스핀형의 타구점으로, 상대의 공이 바운드되고 정점을 지나 위력이 떨어질 때쯤 톱스핀을 구사한다. D ↔ E는 수비형의 타구점으로 상대의 공이 바운드되고 정점을 지나 위력이 떨어졌을 때 푸시성 회전을 주어 리시브한다. 초보자가 처음부터 그림과 같이 타구점을 지켜 플레이할 수는 없겠지만, 조금 높은 타구점에서 친다는 생각을 가지고 시작해보자. 스윙 타이밍이 늦는 사람은 자세를 조금 작게 해보되, 큰 자세(스윙)로 칠 수 있도록 노력하는 것도 잊지 말자.

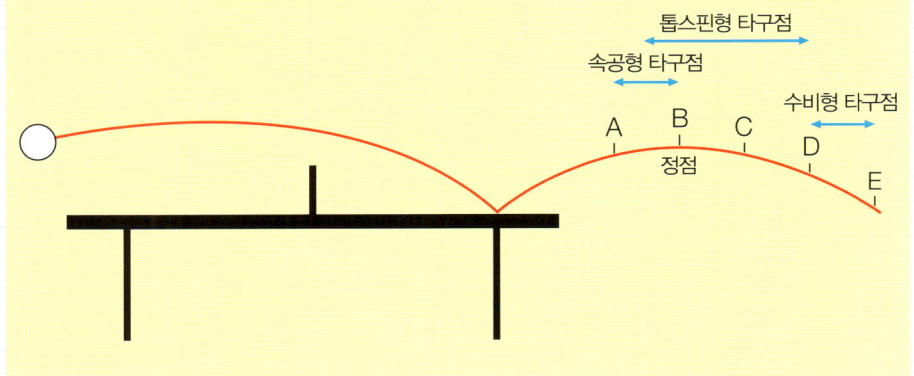

풋워크

정확한 풋워크로 기술의 완성도를 높인다

탁구는 빠른 공을 쫓아 움직이면서 기술을 구사하는 스포츠이기 때문에 풋워크가 제대로 이루어지지 않으면 정확한 플레이를 펼칠 수 없다. 빠른 속도로 날아오는 공을 향해 무작정 달려가 타구를 하다 보면 박자도 잘 맞지 않고 힘을 실어 타구하기도 어렵다. 이렇듯 빠르고 정확한 기술을 구사하는 데 필히 수반되어야 할 기본동작인 풋워크를 확실하게 익혀보자.

좌우 풋워크

▶▶포어사이드로 이동할 때

포어사이드(fore side, 라켓을 쥔 팔 쪽의 공간. 주로 오른팔임)로의 이동은 오른쪽으로 이동한다는 뜻이다. 풋워크 시에는 공이 떨어지는 지점을 신속히 파악하고 재빠르게 움직여야 한다. 자연스럽게 움직일 수 있도록 연습해보자.

모든 동작이 한번에 빠르게 이어져야 한다.

⑤ 박자에 맞춰 자연스럽게 타구한다.

④ 왼발을 움직이는 동시에(3번 동작) 오른발을 오른쪽으로 움직인다. 오른발이 바닥에 닿을 때 몸은 오른쪽으로 살짝 열려 있어야 하며 중심도 오른발에 실려 있어야 한다.

● 연속동작 ● 포어사이드로 이동하는 모습

  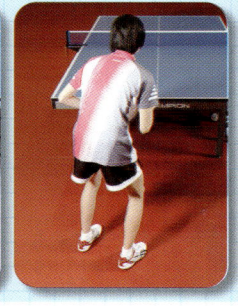  

공이 떨어지는 지점을 빨리 파악한 뒤, 그 위치로 오른발을 최대한 가까이 가져간다는 생각으로 움직여야 한다. 막연히 옆으로 이동하기보다는, 오른발을 테이블 앞쪽으로 가져간다는 생각으로 움직이면 공과 더 가까워지는 느낌이 들면서 좀 더 효과적으로 공에 힘을 전달할 수 있다.

> 시선은 공을 향하고 있어야 한다.

> 공이 떨어지는 위치와 최대한 가깝게 오른발을 움직인다.

③ 왼발을 최대한 오른발 가까이로 움직인다.

② 먼저 오른발을 짧게 움직인다.

① 움직이기 용이하도록 다리를 어깨 너비보다 조금 더 넓게 벌리고 선다. 발 앞꿈치에 힘을 주어 중심을 앞쪽에 싣는다.

풋워크

›› 백사이드로 이동할 때

백사이드(back side, 라켓을 쥐지 않은 팔 쪽의 공간)로 이동해보자. 포어사이드와 반대로 스텝을 밟는다. 여기에서도 3번 동작과 4번 동작이 거의 동시에 이루어져야 함을 잊지 말자.

> 백사이드로 이동 시 막연히 왼쪽으로 움직인다는 느낌보다는 테이블 모서리를 끼고 움직인다는 생각으로 이동해야 한다. 맨 마지막에 내딛는 왼발은 오른발보다 약간 앞쪽에 위치시킨다. 자연스럽게 왼쪽 어깨와 허리를 돌려 테이블을 감싸듯이 움직인다.

공이 떨어지는 지점에 왼발을 최대한 가까이 가져간다.

① 신속히 움직일 수 있도록 다리를 어깨너비보다 조금 더 넓게 벌린다. 발 앞꿈치에 힘을 주어 중심을 앞쪽에 싣는다.

② 왼발을 먼저 짧게 움직인다.

③ 오른발을 최대한 왼발 가까이로 움직인다.

● 연속동작 테이블 모서리를 끼고 백사이드로 이동하는 모습

왼발을 더 내딛는 동시에 몸을 오른쪽으로 열어준다.

 오른발이 왼발을 밀어내는 느낌으로 자연스럽게 왼발을 내딛어서 스탠스를 유지한다.

 박자에 맞춰 자연스럽게 타구한다.

전후 풋워크

≫ 앞으로 이동할 때

게임을 진행하다 보면 테이블과의 거리가 멀어지는 상황이 발생한다. 이때, 상대가 공을 짧게 넣었을 경우 앞으로 이동하는 방법이다. 빠르고 자연스럽게 이동할 수 있도록 연습하자.

① 준비자세를 취한다.

② 공이 떨어지는 지점을 예측하고 먼저 왼발을 짧게 움직인다.

③ 오른발을 최대한 왼발 가까이로 움직인다.

왼발을 테이블 안쪽으로 가져가면서 타구 자세를 잡는다.

④ 오른발을 움직이는 동시에(3번 동작) 그보다 더 깊숙이 테이블 안쪽으로 왼발을 밀고 들어간다.

⑤ 박자에 맞춰 타구한다.

≫ 뒤로 이동할 때

탁구를 하다 보면 상대의 공이 자신의 테이블 깊숙이 떨어지는 경우가 있다. 보통 강하게 들어오는 공일 경우가 그러한데, 이때는 재빨리 판단하여 뒤로 움직여 테이블과 거리를 두고 쳐야 한다. 빠른 상황 판단력이 필요하다.

테이블과의 거리가 있으므로 타구 시 힘 조절에 유의해야 한다.

⑤ 박자를 맞춰서 타구한다.

④ 왼발을 움직이는 동시에(3번 동작) 오른발을 뒤로 빼면서 공을 칠 수 있는 위치를 잡는다.

풋워크는 전후좌우 어느 방향으로든 움직이기 용이한 스탠스를 유지하는 것이 중요하다. 다리의 간격을 어깨너비보다 넓게 벌리는 것을 기억하자. 무게 중심은 약간 앞으로 싣고 낮은 자세를 유지해야 한다.

③ 왼발을 최대한 오른발 가까이로 움직인다.

② 오른발을 뒤로 조금 움직인다.

① 기본자세를 취한다.

기본 스트로크를 배워보자

스윙의 기본인 스트로크는 포핸드 스트로크와 백핸드 스트로크로 구성된다. 스트로크는 상대가 서브한 공이 자신의 테이블에 한 번 바운드되고 난 후 해야 한다. 가장 기초적인 스윙법이지만 모든 기술의 시초가 되는 중요한 기술이니 확실히 연습해서 자신의 것으로 만들자.

포핸드 스트로크

포핸드 스트로크는 포어사이드 즉, 오른쪽으로 들어온 공을 치는 타법으로 처음 탁구를 접할 때 배우게 되는 가장 기본적인 타법이다. 팔꿈치가 들리지 않도록 주의하자.

어깨의 힘을 빼되, 라켓을 든 손이 테이블 아래로 쳐지지 않도록 주의하자.

① 기본자세에서 오른쪽으로 허리를 약간 틀어준다. 팔꿈치는 직각으로 구부려 허리에 붙인다. 이때, 중심은 오른쪽 다리에 싣는다.

일반적으로는 공이 바운드된 후 정점에 달했을 때, 손목과 팔에 힘을 빼고 자연스럽게 타구한다. 허리에서 시작하여 가슴, 왼쪽 눈 방향까지 온 라켓의 궤도를 잘 기억해두자. 주의할 점은 팔로스루를 너무 길게 하지 않는 것이다. 팔로스루 시 라켓을 든 팔을 왼쪽으로 지나치게 빼 스윙이 커지면 다음 공에 대한 대비가 늦어진다. 스윙은 짧고 빠르게 하고, 바로 준비자세로 돌아오는 것이 익숙해지도록 연습하자.

팔로스루는 짧고 간결하게 끝낸다. 중심은 자연스럽게 왼쪽으로 옮겨간다.

② 앞을 향해 사선으로 자연스럽게 라켓을 보내며, 허리를 왼쪽으로 틀어준다. 라켓을 앞으로 조금 숙여서 타구한다.

③ 라켓의 끝이 왼쪽 눈 방향까지 오도록 진행시키되, 팔꿈치는 들지 않는다. 팔로스루를 짧게 하고 빠르게 준비자세로 돌아간다.

백핸드 스트로크

기본 백핸드 스트로크는 임팩트 시 팔꿈치와 손목에 힘을 주면서 라켓의 끝을 덮는 느낌으로 타구한다. 포핸드와는 반대로 백사이드, 즉 왼쪽으로 온 공을 치는 방법이다. 자연스럽게 타구할 수 있도록 연습해보자.

라켓을 잡은 손과 팔꿈치가 일직선이 되어야 한다.

① 처음 타구를 시작하기 전 라켓을 든 팔의 겨드랑이를 살짝 벌려 라켓을 잡은 손과 팔꿈치를 일직선으로 만든다.

공이 정점으로 올라오고 있는 상태에서 타구한다. 백핸드 스트로크는 손목, 라켓 면의 각도 등으로 다양하게 변화를 줄 수 있는데, 처음에는 팔꿈치 동작에 신경을 쓰면서 기본동작을 익히는 연습을 하자.

라켓을 45도 정도 앞으로 숙여서 라켓 끝부분을 살짝 덮는 느낌으로 타구한다.

② 오른발 앞에서 라켓을 45도 각도로 숙인 다음 공을 보내려는 방향을 향해 자연스럽게 앞으로 밀어준다. 이때 팔꿈치와 손목에 힘을 주면서 자연스럽게 라켓의 끝을 덮어주는 느낌으로 타구한다.

③ 다시 팔꿈치와 손목이 일직선이 되게 하여 오른발 앞으로 자연스럽게 가져온다. 팔로스루는 길게 하지 않는다.

라켓 각도

구질에 따라 라켓의 각도를 조절한다

스윙 시에는 날아 들어오는 공의 구질에 따라 라켓의 각도를 알맞게 조절해야 하며 타구하는 방법 또한 달라져야 한다. 회전이 걸린 상대의 공에 당황하여 적절히 대응하지 못한 경험이 있다면 다음의 스윙 포인트를 체크해보자.

포핸드로 받을 때의 라켓 각도

≫ 일반적인 공
회전이 없는 일반적인 공을 칠 때에는 라켓의 면이 최대한 많이 나오도록 라켓을 거의 세워서 타구한다.

▶▶ 회전이 걸린 공

대개 회전하는 공에 대한 타구를 어려워한다. 일단 공에 회전이 걸려 들어오면 회전의 반대 방향으로 스윙하여 공의 회전을 줄이거나, 같은 방향으로 살짝 회전을 더해주어 상대의 회전을 역이용하여 처리할 수 있다. 실력이 높아질수록 회전공에 대한 반격은 다양해진다. 중요한 점은 회전하는 공을 타구할 때에는 툭 하고 건드리는 것이 아니라 라켓면으로 공을 쓸면서 밀어주듯이 타구해야 한다는 것이다. 공의 회전과 힘을 잘 이해하여 능숙하게 타구해보자.

톱스핀 구질(전진회전)

톱스핀은 전진회전(=상회전)이 걸려 들어오는 공이다. 당연한 말이지만, 이를 일반적인 구질에서와 동일하게 라켓을 세운 채로 받으면 회전의 성질 때문에 공이 위로 튕겨나간다. 그렇기 때문에 전진회전이 걸린 공을 받을 때에는 라켓을 앞으로 숙여서 타구해야 한다. 임팩트 시 힘을 주게 되면 회전이 걸린 공이 힘에 부딪쳐 튕겨나가 버리므로 힘을 빼고 공을 위로 쓸어 밀어주는 느낌으로 타구해야 한다. 전진회전이 강하면 강할수록 라켓을 더욱 숙여준다.

푸시 구질(후퇴회전)

후퇴회전이 걸린 공을 처리하는 방법에는 일반적으로 두 가지 방법이 있다. 하나는 후퇴회전을 이용해 더 강하게 전진회전을 거는 방법이고, 다른 하나는 걸려온 후퇴회전의 반대 방향으로 타구하여 후퇴회전을 거는 방법이다.

사진은 전진회전을 걸어 처리하는 모습이다. 후퇴회전이 약하게 걸려 들어올 경우에는 라켓을 세워주고, 후퇴회전이 강할 경우에는 라켓을 뒤로 눕혀 공의 밑면을 아래에서 위로 쓸어침으로써 공에 전진회전을 걸어 보낸다.

라켓 각도

백핸드 및 쇼트로 받을 때의 라켓 각도

≫일반적인 공
라켓의 면이 최대한 많이 나오도록 라켓의 각도를 조절해 타구한다.

›› 회전이 걸린 공

백핸드 및 쇼트로 회전하는 공을 받을 때 역시 포핸드와 같은 이치를 적용할 수 있다. 회전이 많으면 많을수록 라켓의 각도를 크게 만들어 타구하도록 하자.

톱스핀 구질(전진회전)

공에 전진회전이 걸렸을 때는 일반적인 공을 타구할 때보다 라켓을 더 숙여야 한다. 전진회전이 많을수록 더 숙여서 타구한다고 생각하자.

푸시 구질(후퇴회전)

백핸드도 포핸드의 경우와 동일한 방법으로 푸시 구질의 공을 처리할 수 있다.
사진은 후퇴회전을 걸어 처리하는 모습이다. 라켓을 뒤로 눕혀 공의 밑면을 아래로 쓸듯이 타구하여 회전을 건다. 후퇴회전이 강하면 강할수록 라켓을 더 뒤로 눕혀 타구한다.

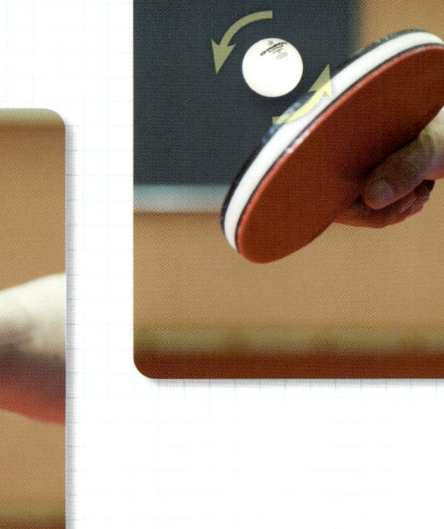

무거운 푸시(후퇴회전이 강한 경우)

회전이 많을수록 라켓을 뒤로 더 젖혀준다.

쉬어가기

탁구는 어디에서 유래된 것일까?

탁구의 기원과 발상지는 분명치 않다. 중세 이탈리아의 루식 필라리스(Rusic Pilaris)라는 유희에서 파생된 것이라고도 하고, 15~16세기 무렵 프랑스 궁전에서 즐기던 라파움(Lapaum)이라는 놀이가 변하여 탁구가 되었다는 설도 있다. 또 1880년대에 영국에서 고안되었다는 이야기도 전해지며, 뉴잉글랜드에서 시작되었다는 주장도 있다. 헝가리의 케렌이라는 저술가가 펴낸 책에서는 2천 년 전 일본의 공가(公家, 현재의 공무원과 유사한 신분의 사람) 사이에서 깃털로 놀이를 한 것이 탁구의 시초라고 기록하고 있으며, 우리나라의 한 학자는 옛 신라의 화랑들이 즐기던 축국(蹴鞠)이 그 원형이라는 견해를 비치기도 했다.

탁구의 원류에 대해서는 이처럼 견해가 분분하지만, 남아프리카와 인도 등 영국 식민지에 거주하던 영국인들이 더위를 피해 실내에서 즐길 수 있는 유희로써 네트를 친 실내 경기를 만들었다는 이야기가 통설로 여겨지고 있다. 국제탁구연맹에서 발간한 편람(I.T.T.F Hand Book)에서도 과거 중세부터 탁구가 테니스, 배드민턴과 구분 없이 시작되어 내려오다가 점차 독자적인 형태로 발전되었다고 기술하고 있다.

초기에는 그 명칭도 일정하지 않아서 고지마(Gossima), 위프와프(Whiff-shaff), 프림프람(Flim Flam) 등 여러 가지로 불리었다. 공은 코르크나 샌드페이퍼 그리고 고무공이나 거미줄과 같은 피륙으로 짠 것 등을 사용했고, 라켓은 나무 또는 마분지 등을 사용했다. 서구의 귀족들이 사교적으로 즐기던 당시의 사진과 그림을 보면 남자는 연미복을, 여자는 이브닝드레스를 착용하는 등 복장도 특이했다.

탁구는 1898년 셀룰로이드 공을 사용하게 되면서 그 면모를 새롭게 탈바꿈했다. 당시 영국의 크로스 컨트리 주자였던 제임스 깁(James Gibb)이 미국 여행을 하고 돌아오면서 장난감 셀룰로이드 공을 가져와 그것을 쇠가죽으로 만든 라켓으로 쳤더니 핑퐁 소리가 난다고 하여 명칭도 핑퐁(Ping-Pong)이라 명해졌으며, 이것이 근대 탁구의 출발점이 되었다. 이후 탁구는 급속도로 보급되기 시작했고 1902년 러버의 발명으로 또 한번 획기적인 발돋움을 하게 된다. 그리고 마침내 1926년 당시 독일탁구협회장이었던 레만 박사(Dr. Georg Lehmann)의 제창으로 국제 경기로 발전하게 되었다. 오스트리아, 서독, 헝가리 등의 대표들이 모여 결성한 국제탁구연맹(The International Table Tennis Federation)이라는 명칭도 이때부터 공식적으로 사용하게 되었다.

※ 자료 : 대한탁구협회 공식 홈페이지

PART 02
타법의 종류와 특징

쇼트로 안전하게 디펜스한다

쇼트(short)는 상대의 공격을 받을 때 주로 사용하는 디펜스 기술로, 안전하게 구사하는 것을 기본으로 한다. 주로 백핸드 타법에서 사용하며 바운드된 공이 정점에 이르기 전에 타구한다.

펜홀더 쇼트

오른쪽 옆구리에서 시작해 라켓을 잡은 팔을 앞으로 밀어 타구한다. 팔꿈치가 오른쪽에 밀착되는 느낌으로 밀어야 한다. 타구하는 시점은 바운드된 직후나 정점에 이르기 전이 좋으며, 앞으로 밀고 난 뒤에는 처음 시작했던 오른발의 수직선상으로 팔을 되돌리는 것을 명심해야 한다.

① 백사이드에서 다리를 어깨너비로 벌려 서고 자연스럽게 무릎을 구부린다.

옆에서 본 모습

라켓을 잡은 손과 오른발이 수직선상에 있어야 한다.

오른발을 축으로 그대로 밀어준다.

라켓이 정면을 향하도록 팔을 몸 안쪽으로 약간 밀어준다.

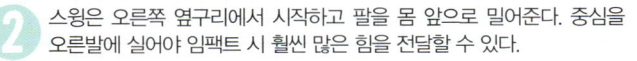

② 스윙은 오른쪽 옆구리에서 시작하고 팔을 몸 앞으로 밀어준다. 중심을 오른발에 실어야 임팩트 시 훨씬 많은 힘을 전달할 수 있다.

NG

현정화 어드바이스

어깨에 불필요한 힘이 들어가지 않아야 한다.

현정화 어드바이스

펜홀더 쇼트의 그립법

라켓에서 엄지를 떨어뜨리고, 검지로 라켓을 누르며 동시에 중지에도 힘을 준다. 라켓의 뒷 그립에서는 손가락을 펴서 미는 것이 아니라, 동그란 모양이 되게 오므려야 한다. 그래야 손목에 부자연스러운 힘이 들어가는 것을 방지할 수 있다.

셰이크핸드 쇼트

셰이크핸드 쇼트는 백핸드 스트로크와 같다.

① 타구를 시작하기 전 라켓을 든 팔의 겨드랑이를 살짝 벌려 라켓을 든 손과 팔꿈치가 일직선이 되도록 만드는 것이 중요하다.

현정화 어드바이스

톱스핀을 받을 때의 쇼트
톱스핀은 강하게 전진회전이 걸려 들어오는 공이므로 이를 쇼트로 받을 경우에는 라켓의 각도를 조절하여 공이 바운드되는 즉시 타구해야 한다.

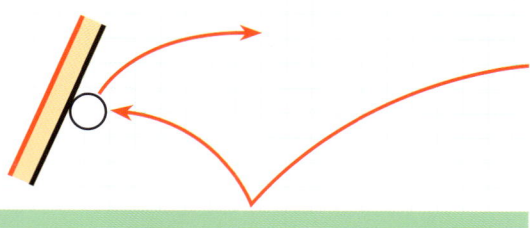

2 오른발의 수직선상에서 라켓을 45도 정도 숙여 자신이 타구하고 싶은 방향을 향해 자연스럽게 밀어준다. 팔꿈치와 손목에 힘을 주면서 자연스럽게 라켓의 끝을 살짝 덮는 느낌으로 밀어낸다.

3 오른발의 수직선상에 라켓과 팔꿈치가 일직선으로 놓이도록 자연스럽게 돌아온다.

스매시

강력한 득점 기술, 스매시

스매시(smash)는 네트보다 조금 떠서 들어오는 공을 강하게 때리는 기술로, 마지막 득점 포인트에서 많이 사용한다. 포핸드 스트로크를 치는 것보다 조금 더 크게 스윙하는데, 허리를 오른쪽으로 조금 틀었다가 왼쪽으로 비틀면서 왼발을 앞쪽으로 내딛어 임팩트 순간 스윙 스피드를 높인다. 중심도 오른쪽에서 왼쪽으로 이동시키면서 강하게 타구한다.

셰이크핸드 포핸드 스매시

① 상대의 움직임을 주시하면서 준비자세를 취한다.

스매시는 찬스볼 등을 강하게 타구하여 득점을 노리는 결정적인 기술이다. 중심 이동이 잘 되지 않으면 위력적인 스매시가 나올 수 없으므로 체중을 충분히 실어서 타구할 수 있도록 중심 이동에 신경을 써야 한다. 날카로운 스매시를 하고 싶다면 네트 방향으로 힘차게 스윙한다. 스윙에 속도가 붙어야 공에 힘이 실리고 회전을 죽일 수 있다. 동작 자체가 크기 때문에 상대가 디펜스를 할 경우 대응이 늦어질 수 있으므로 임팩트는 짧게 하고 스윙은 빨리 한다. 신속히 준비자세로 돌아오는 것도 잊지 말자.

팔은 90도 정도 구부리고, 오른쪽으로 중심을 실은 상태로 백스윙을 한다.

왼발을 내딛으며 허리와 오른쪽 어깨, 다리를 함께 회전시킨다.

② 포핸드 스트로크를 칠 때보다 허리를 오른쪽으로 조금 더 틀어주면서 양 다리도 자연스럽게 오른쪽으로 틀어준다.

③ 백스윙 상태에서 왼발을 앞으로 힘차게 내딛으며 오른쪽 어깨와 허리를 회전하는 순간 강하게 임팩트한다. 전체적인 스윙에서 힘이 들어가는 타이밍은 짧게 하되, 임팩트 순간 공이 라켓 면에 머무는 느낌으로 공을 감싸듯이 스윙한다.

스매시

공이 오른쪽 품 안에서 빠져 나가지 못하는 느낌이 있어야 한다.

현정화 어드바이스
팔꿈치를 들어 스윙하면 공에 제대로 힘을 전달할 수 없다.

 왼쪽 무릎을 살짝 누른다는 느낌으로 중심을 왼쪽으로 이동시킨다. 오른쪽 다리도 자연스럽게 따라 들어간다.

● 연속동작 ● 셰이크핸드 포핸드 스매시 앞모습

⑤ 임팩트 후에는 팔의 힘을 자연스럽게 빼고 신속히 기본자세로 돌아간다.

현정화 어드바이스

라켓을 크게 휘두른다는 생각 때문에 대부분의 사람들이 어깨에 힘이 들어간 상태에서 팔의 힘으로 치려고 한다. 그러나 어깨가 경직되면 오히려 스윙 스피드가 떨어져 위력적인 스매시를 할 수 없다.

스매시

셰이크핸드 백핸드 스매시

> 준비자세에서 상체를 그대로 왼쪽으로 틀어주는 느낌으로 백스윙한다.

① 팔꿈치를 몸 쪽에 붙이고 백사이드로 몸을 약간 틀어준다. 자세를 낮추고 공을 주시하면서 준비자세를 취한다.

② 공의 바운드 위치를 확인하고 백스윙한다.

●연속동작● 셰이크핸드 백핸드 스매시 앞모습

손목의 모습을 주시하자. 손목에 힘을 주어 임팩트 시 공이 나아가는 방향으로 라켓 끝을 덮는다는 느낌을 갖는다.

③ 스윙을 시작할 때 손목에 힘을 주면서 라켓이 앞쪽을 향하게 하여 임팩트한다. 이때 팔꿈치는 가능한 한 몸에 붙여야 한다.

④ 라켓을 끝을 덮으면서 끝까지 손등에 힘을 준다. 이때 왼쪽 어깨에 반동을 주어 뒤로 빠지게 한다. 팔로스루 후, 재빨리 기본자세로 돌아와 다음 공을 대비한다.

펜홀더 포핸드 스매시

① 공의 바운드 위치를 빨리 파악하여 타구점을 확인한 뒤, 스매시를 위한 준비자세를 취한다.

② 상체와 다리를 오른쪽으로 틀어주어 백스윙 자세를 취한다. 라켓을 든 팔은 90도 정도 굽힌 상태로 오른발에 중심을 싣는다.

●연속동작● 펜홀더 포핸드 스매시 앞모습

③ 왼발을 내딛으면서 어깨와 허리, 다리를 동시에 회전시켜 강하게 임팩트한다. 어깨는 힘을 뺀 상태에서 임팩트 순간에 힘을 주고, 팔을 휘두르는 동시에 팔꿈치를 빠르게 접으면서 허리 회전의 힘을 같이 이용해야 한다.

④ 중심이 왼쪽으로 이동하면서 오른쪽 다리도 따라 들어간다. 팔로스루 후에는 반드시 기본자세로 돌아와 다음 공에 대비한다.

스매시

펜홀더 백핸드 스매시

상대에게 등이 보일 정도로 허리를 틀어준다.

① 펜홀더 쇼트 그립으로 라켓을 잡은 상태에서 팔꿈치를 몸쪽으로 붙이고, 백사이드로 거의 180도 정도 몸을 틀어준다.

② 스윙을 시작할 때 중지에 힘을 주고, 라켓을 몸 안쪽에서부터 바깥쪽으로 보내기 시작한다. 이때, 백사이드로 틀었던 허리도 반대쪽으로 회전시킨다.

● 연속동작 ● 펜홀더 백핸드 스매시 앞모습

공이 몸 안쪽에서 임팩트가 되어야 한다.

③ 라켓이 몸 쪽에서 빠지지 않은 상태에서 그대로 임팩트하고 위쪽으로 스윙을 진행한다.

④ 임팩트하는 움직임에 따라 자연스럽게 허리가 오른쪽으로 틀어지면서 제자리로 돌아온다.

탁구의 꽃, 톱스핀

탁구의 꽃을 꼽는다면 단연코 톱스핀(Topspin)일 것이다. 현대 탁구에서 득점이 나오는 순간에는 스윙의 크고 작음에 차이가 있기는 하나, 거의 항상 톱스핀이 함께하고 있다고 해도 과언이 아니다. 그리고 이러한 톱스핀도 예전에 비해 변화하고 있는데, 용구의 발달과 점점 스피드해지는 탁구의 영향으로 스윙의 폭이 짧고 간결해지고 있다. 톱스핀 역시 포핸드 톱스핀과 백핸드 톱스핀으로 나누어지며, 이는 다시 펜홀더와 셰이크핸드로 나누어진다.

펜홀더 포핸드 톱스핀

① 준비자세를 취한다. 이때 라켓을 든 쪽의 발을 약간 뒤로 놓고, 시선은 공을 향한다. 무릎과 발목은 움직임에 탄력을 줄 수 있도록 타구하는 방향의 반대로 틀어 선다.

② 라켓을 든 팔을 완전히 펴지 않고 약간 구부린 상태로 백스윙을 시작한다. 반대쪽 팔도 90도 정도 구부려 몸의 균형을 잡는다.

톱스핀은 빠르고 정확한 임팩트만으로도 강력한 스핀을 걸거나 스피드를 낼 수 있다. 라켓의 각도는 공의 구질마다 다르지만, 일반적으로 톱스핀에서는 약간 앞으로 숙여야 정확히 타격할 수 있으며 공에 최대한의 힘을 실을 수 있다. 라켓을 든 팔의 어깨는 공을 치기 전이나 임팩트, 그리고 그 후에도 절대 위로 들리거나 흔들리지 않아야 안정적으로 공을 타구할 수 있다. 스윙 전 손목의 각도 역시 공의 구질에 따라 약간씩 변화를 주기는 하나, 기본적인 각도는 어깨와 팔꿈치 손목을 따라 거의 일직선이 되게 하는 것이 좋다. 지나치게 안으로 감겨 있거나 뒤로 꺾여 있으면 다양한 공을 처리하는 데 한계가 있다.

무게 중심을 왼쪽 다리에 두고, 오른쪽 무릎은 몸 안쪽으로 약간 구부려 자세를 낮춘다.

③ 라켓을 뒤로 과하게 빼지 않고 몸에 최대한 가깝게 붙여 비교적 작은 백스윙을 한다.

④ 스윙 시작과 동시에 왼쪽으로 틀어두었던 발목과 무릎, 허리를 타격 방향으로 돌려 몸의 탄력을 최대한 이용한다.

톱스핀

라켓을 든 팔의 어깨가 너무 위로 들리거나 흔들리지 않도록 주의한다.

어깨는 힘을 주지 않고 손목과 팔꿈치를 보조하면서 자연스럽게 따라가자.

⑤ 어깨와 라켓을 든 팔, 허리를 돌리는 타이밍이 같아야 한다. 발목부터 상체에 이르는 전체적인 몸의 움직임은 약간 위쪽으로 몸을 세워주는 느낌이다.

⑥ 손목과 팔꿈치로 공을 채듯이 힘차게 임팩트하고, 그대로 자연스럽게 라켓을 뻗는다. 팔로스루는 머리 앞에서 간결하게 끝내고 준비자세로 자연스럽게 돌아온다.

● 연속동작 ● **펜홀더 포핸드 톱스핀**

타구 시에는 라켓을 잡지 않은 프리 핸드 쪽 어깨를 공을 치는 쪽으로 돌려주되 전체적인 몸동작과 타이밍을 맞춰야 한다. 이때 라켓 핸드 쪽 어깨는 힘을 주지 않고 손목과 팔꿈치를 보조하며 자연스럽게 따라가야 한다. 탁구 초보자들이 톱스핀을 할 때 어깨에 힘이 들어가는 경우가 많은데, 이러한 동작을 주의하면서 공을 친다면 강하고 빠른 톱스핀을 익힐 수 있을 것이다.

전진회전(톱스핀)을 거는 방법

그림 ①과 ②는 톱스핀을 거는 방법을 나타낸 것이다. 라켓의 각도와 공이 움직이는 방향을 잘 보도록 하자. 일반적으로는 그림 ①과 같이 공의 2시 방향 정도를 라켓으로 쓸어주면, 회전이 걸려 상대 코트에 들어간 후 급격히 떨어지게 된다.

그림 ②는 상대의 공에 언더스핀이 많이 걸렸을 경우 톱스핀을 거는 방법이다. 그림 ②와 같이 라켓에 공을 실어 치면, 언더스핀이 걸린 공을 톱스핀으로 받아칠 수 있다. 잘 참고하여 상대가 어떤 공을 보내더라도 손쉽게 톱스핀을 걸 수 있도록 연습하자.

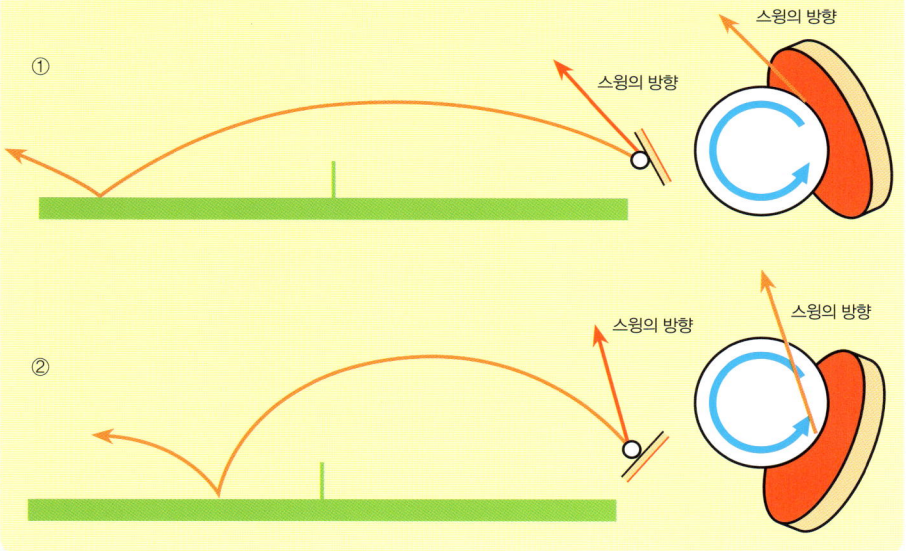

셰이크핸드 포핸드 톱스핀

무릎을 굽혀서 자세를 낮추고 백스윙을 위해 몸을 오른쪽으로 틀면서 팔은 약간 아래쪽에 위치시킨다.

① 펜홀더와 동일하게 기본자세를 취한다. 중심이 약간 앞으로 가도록 자세를 취하고, 무릎과 발목은 공을 보낼 반대 방향으로 튼다.

② 라켓을 든 팔을 서서히 뒤로 빼면서 백스윙을 한다. 이때, 다른 기술과는 다르게 팔을 약간 밑으로 내리며 동작한다. 허리와 무릎, 발목을 동시에 회전시키며 오른발에 중심을 싣는다.

현정화 어드바이스

위력적인 톱스핀을 하려면 허리 회전을 이용해 타구해야 한다. 만약 허리 회전이 제대로 이루어지지 않고 다리 안쪽에서 임팩트가 이루어지면 톱스핀을 강하게 걸 수 없다.

오른쪽으로 틀었던 자세를 풀면서 사선 방향으로 서서히 세워준다. 팔꿈치를 완전히 펴지 않도록 주의한다.

임팩트는 몸 앞쪽에서 이루어진다.

공이 시야에 들어온 순간 공을 치는 타구점은 몸의 앞쪽이 된다. 일반적으로 타구점이 몸의 옆이나 뒤가 되면 타이밍이 늦은 것이다.

타구 시 라켓을 잡지 않은 프리 핸드 쪽 어깨를 왼쪽으로 돌려주되 전체적인 몸동작과 타이밍을 맞춰 주어야 한다.

③ 손목과 팔꿈치로 공을 채듯이 힘차게 임팩트한다. 어깨는 힘을 주지 않고 손목과 팔꿈치를 보조하면서 자연스럽게 따라가는 느낌으로 동작한다.

현정화 어드바이스
임팩트 전에 다리가 세워지면 중심 이동이 충분히 이루어지지 않아 공의 위력이 약해진다.

톱스핀

전체적인 스윙의 궤도는 약간 앞으로, 비스듬히 나가는 느낌으로 한다. 팔로스루는 짧고 절도 있게 이루어져야 한다. 중심을 놓쳐서 휘청거리거나 스윙이 지나치게 왼쪽으로 나가지 않도록 주의하자.

공의 구질에 따라 백스윙 시 라켓의 각도나 공을 치는 부위가 달라져야 하는 것처럼 임팩트 후의 팔로스루 역시 달라진다. 일반적으로 하회전이 걸린 공을 칠 때는 머리 앞부분까지 팔로스루하고, 전진회전이 걸린 경우에는 가슴 부근까지 팔로스루한다. 물론 프로 선수들은 이러한 규칙을 무시하고 빠르고 강한 임팩트만으로 공을 치기도 하는데, 이는 일정한 수준에 올라야 가능하다.

> 임팩트 후, 팔로스루를 하면서 자세를 더 세우고 서서히 팔꿈치를 구부려준다.

4 임팩트 후 그대로 자연스럽게 스윙한다. 무게 중심을 왼쪽 다리로 옮기면서 전체적으로 자세를 세워준다.

● 연속동작 ● 셰이크핸드 포핸드 톱스핀

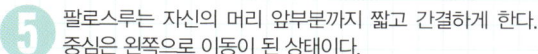

⑤ 팔로스루는 자신의 머리 앞부분까지 짧고 간결하게 한다. 중심은 왼쪽으로 이동이 된 상태이다.

⑥ 재빨리 준비자세로 돌아가 다음 공을 대비한다.

톱스핀

셰이크핸드 백핸드 톱스핀

① 포핸드와 마찬가지로 스탠스를 넓게 벌리고 허리와 무릎은 살짝 구부린다. 단, 양쪽 발을 평행으로 서는 것이 포핸드와 다르다.

② 어깨를 왼쪽으로 돌리고 라켓을 잡은 손을 왼쪽 옆구리 부근에 위치시킨다. 자연히 팔꿈치는 앞을 향하게 된다. 허리와 무릎도 탄력을 이용할 수 있도록 왼쪽 방향으로 가볍게 틀어준다.

라켓을 잡은 손을 옆구리 안쪽에 위치시킨다.

현정화 어드바이스
라켓을 지나치게 옆구리 뒤로 돌리면, 공을 강하게 타구할 수는 있으나 연속적인 공격이 어렵다.

③ 임팩트 시, 팔에 힘을 빼고 백스윙에서 몸 안쪽으로 꺾었던 손목을 사용하여 공에 마찰을 많이 가할 수 있어야 한다. 허리와 다리도 스윙 방향으로 틀어주어 탄력을 이용하도록 하자.

임팩트는 허리 부분에서 이루어진다.

④ 임팩트 후 공을 보낸 방향으로 라켓을 자연스럽게 뻗는다. 약간 반원을 그리듯이 팔을 내리면서 처음 자세로 돌아온다. 팔로스루는 되도록 짧게 한다.

⑤ 재빨리 준비자세로 돌아가 다음 공을 대비한다.

손목으로 거는 역회전, 푸시

푸시(push)는 주로 상대의 서브를 받을 때 사용하는 기술로, 백사이드에서 서로 맞푸시를 하는 상황에서 사용하기도 한다. 강한 백스핀이 걸려 날아가는 것이 특징이며 상대의 네트 미스를 유발하는 데 효과적이다. 공에 후퇴회전을 거는 기술이지만 그렇다고 공의 완전 밑면을 타구하는 것은 아니다. 측면부터 시작하여 공의 밑면을 친다. 상대의 공을 잘못 판단하여 라켓의 면을 많이 눕히면 공이 높이 떠서 찬스를 주게 되므로 먼저 상대의 공을 정확히 파악하는 것이 중요하다. 푸시한 공이 너무 높이 뜨면 라켓을 좀 더 세워서 쳐보고, 반대로 너무 낮아서 네트에 걸린다면 라켓을 눕혀서 푸시를 시도해보자.

펜홀더 포핸드 푸시

상대의 서브가 포핸드로 짧게 오거나 맞푸시를 해야 하는 상황에서 필요하다. 손목과 팔을 이용해 몸 바깥에서 안쪽으로 타구한다. 손목 각도에 따라 팔꿈치가 자연스럽게 움직이도록 하자. 테이블 안쪽으로 깊숙이 발을 위치시키고 공의 밑면을 쓸듯이 타구해야 한다.

1 라켓을 45도 각도로 눕힌 다음 쇼트할 때보다 테이블에 가까이 선다. 라켓 핸드와 그 팔의 수직선상에 있는 발을 테이블 안쪽으로 동시에 밀고 들어가면서 팔꿈치를 몸 바깥쪽으로 틀어준다.

● 연속동작 : **펜홀더 포핸드 푸시 옆모습**

공이 떨어지는 지점과 최대한 가까운 위치로 오른발을 옮겨 공이 바운드되자마자 타구할 수 있어야 한다.

바깥쪽에서 안쪽으로 손목을 최대한 빠르게 움직여 친다.

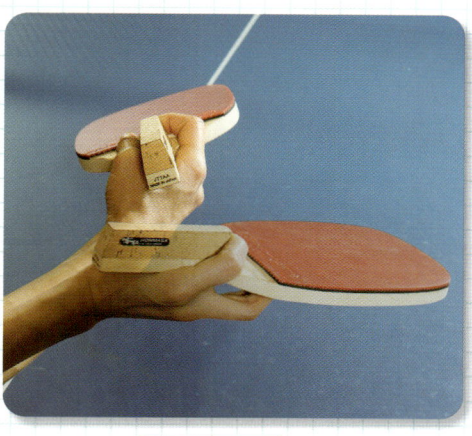

● **현정화 어드바이스**
펜홀더 포핸드 푸시의 손목 각도
푸시는 스윙의 크기나 손목의 사용, 또는 스윙 방향을 달리함에 따라 여러 가지 회전을 구사할 수 있으므로 자신만의 푸시를 구사할 수 있도록 다양하게 연습해보자.

② 바깥쪽으로 틀었던 팔을 그대로 안쪽으로 스윙한다. 엄지와 검지에 힘을 주고 공의 밑면을 짧게 친다.

푸시

펜홀더 백핸드 푸시

백핸드 푸시는 백사이드로 들어온 서비스를 리시브할 때 사용한다. 포핸드 푸시와는 반대로 몸 안쪽에서 바깥쪽으로 스윙하는 기술이다. 손목의 움직임을 잘 보고 연습해보자.

① 라켓을 45도 각도로 눕힌 다음 쇼트할 때보다 테이블에 가깝게 붙는다. 포핸드와 마찬가지로 라켓 핸드와 발이 동시에 테이블 안쪽으로 들어가지만, 안쪽에서 바깥쪽으로 스윙을 하기 때문에 자신의 몸 쪽으로 라켓을 붙여준다.

현정화 어드바이스
팬홀더 백핸드 푸시의 손목 각도
손목의 힘을 순간적으로 빠르게 사용한다.

백핸드 푸시

후퇴회전을 걸기 위한 타구 위치와 스윙의 방향을 나타낸 것이다. 공의 밑면을 라켓으로 세게 쓸어친다. 단순히 공을 밀어치면 회전을 걸기 어렵다.

후퇴회전을 거는 타법   회전을 걸지 않는 타법

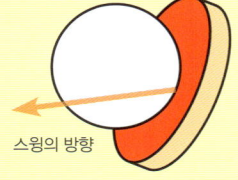

많은 사람들이 푸시를 할 때 팔꿈치를 이용한 타법을 사용하지만, 정작 선수들은 팔꿈치보다는 손목의 힘만으로 푸시를 한다. 그렇기 때문에 공과의 거리가 최대한 가까워야 하고 바운드가 되자마자 치는 것이다. 공을 길게 보낼 때에도 온전히 손목만을 사용해 안쪽에서 바깥쪽으로 길게 보내야 안전하고 무거운 구질의 푸시를 구사할 수 있다.

❷ 엄지와 검지에 힘을 주고 최대한 짧고 빠르게 안쪽에서 바깥쪽으로 손목을 움직여 공의 밑면을 친다.

● 연속동작 ● **펜홀더 백핸드 푸시 옆모습**

> 타구 시 공이 떨어지는 지점 가까이 오른발을 가져간다.

푸시

셰이크핸드 포핸드 푸시

기본적으로 펜홀더의 푸시 동작과 같으며, 공이 바운드된 직후 타구하는 것을 기본으로 한다.

팔꿈치는 90도 정도 구부린다.

1 팔꿈치를 허리에 붙인 상태에서 라켓의 면이 45도 각도로 위를 향하게 한다. 일반 스트로크를 할 때보다 자세를 낮추고 라켓을 편안하게 든 상태로 백스윙은 크게 하지 않는다.

현정화 어드바이스
타구 지점을 확인하면서 라켓을 든 팔과 오른발을 동시에 테이블 안쪽으로 가져간다. 자세를 너무 세우지 않도록 주의한다. 펜홀더와 마찬가지로 라켓의 각도와 손목의 각도가 중요하므로 이를 염두에 두고 연습을 해보자.

② 공의 뒷면부터 타구하기 시작하여 밑면을 칠 때 손목을 바깥쪽에서 안쪽으로 이용하며 임팩트를 한다. 임팩트는 바운드되자마자 하는 것이 좋다.

③ 자연스럽게 팔꿈치를 펴면서 아래쪽으로 비스듬히 팔로스루한다.

셰이크핸드 백핸드 푸시

상대가 공에 후퇴회전을 걸어 보낸 경우, 즉 하회전 서비스에 대한 리시브를 할 때 주로 사용한다. 마찬가지로 바운드된 직후에 타구한다.

> 팔꿈치는 90도 정도 구부린다.

① 라켓을 45도 각도로 눕히고 쇼트할 때보다 테이블에 가까이 붙는다. 라켓을 몸 쪽에 붙여서 공의 밑면을 칠 수 있도록 준비하자.

현정화 어드바이스
공이 떨어지는 지점과 최대한 가까운 위치로 오른발을 가져간다. 라켓을 몸 쪽으로 당겨주고, 타구점을 확인하여 라켓으로 공 밑을 파고들 준비를 한다.

임팩트 시 몸통의 우중간과 라켓의 거리가 가까울수록 힘의 전달력이 좋아진다. 상대와 시합을 할 때에는 푸시의 효과를 높이기 위해 회전을 주지 않은 공을 섞어서 치도록 하자. 뒤에 나오는 서비스에서도 같은 이론을 적용하는데(언더스핀 서비스와 너클 서비스의 비교 부분), 하회전이 걸리는 푸시공과 회전을 주지 않는 무회전공을 섞어서 구사하면 상대가 푸시하기 까다롭다. 무회전은 푸시할 때와 다르게 손목을 사용하지 않고 공을 그대로 밀어준다. 이러한 경우 일반적으로 회전이 생기지 않지만, 상대의 공에 따라서 약한 회전이 걸릴 수도 있다.

❷ 임팩트 시 라켓을 쥔 손과 손목에 힘을 주어 공의 옆 부분부터 밑부분을 쓸어 친다.

살짝 밀어치는 느낌으로 타구하자.

❸ 임팩트 후, 그대로 팔꿈치를 펴면서 밀어주는 느낌으로 팔로스루한다. 이때 팔꿈치를 다 펴지 않도록 주의해야 한다. 재빨리 준비자세로 돌아오는 것도 잊지 말자.

수비형 롱푸시

탁구의 전형은 크게 공격형과 수비형으로 나뉘는데, 수비형은 테이블에서 떨어져서 상대의 공격을 롱푸시로 받으며 플레이를 시작한다. 강력하게 들어오는 상대의 공을 테이블에서 떨어져 롱푸시로 되받아 침으로써 상대의 실수를 유발한다.

≫ 포핸드 롱푸시

테이블에서 멀리 떨어져 상대가 보낸 강력한 공을 포핸드 푸시로 되받아 치는 기술이다. 머리 부분에서 시작하여 밑으로 반원을 그리듯 스윙한다. 상대의 공을 잘 보고 타구 타이밍을 맞추도록 하자.

> 롱푸시를 할 때에는 중심이 실린 오른쪽 무릎을 구부리면서 라켓을 든 팔과 허리, 무릎을 앞으로 미는 듯한 느낌으로 타구한다. 또한 임팩트하기 전에는 손바닥과 손가락에 힘을 빼고 있다가 타구하는 순간 힘을 주면서 손목을 안쪽으로 조금만 틀어준다.

1 다리를 어깨너비보다 조금 더 넓게 벌리고 무릎은 살짝 구부린다. 허리는 오른쪽으로 조금만 튼다.

테이블에서 1.5m~2m 정도 거리를 두고 중앙에 선다.

2 상대의 공을 보고 타이밍에 맞춰 백스윙을 시작한다.

중심을 오른쪽에 실으면서 라켓을 점차 머리 쪽으로 올려준다.

③ 라켓은 머리까지 충분히 들어올리고 팔꿈치는 90도로 구부린다. 중심을 오른발에 옮긴 상태로 상대의 공을 끝까지 주시하며 타구 포인트를 확인한다.

임팩트는 허리 부분에서 이루어진다.

④ 라켓 핸드로 반원을 그리듯이 오른쪽 무릎 앞으로 비스듬히 스윙하고, 라켓을 세워 길게 맞는 느낌으로 타구한다.

⑤ 중심을 왼쪽으로 이동하며 둥글게 팔로스루한다. 중심을 잃어 팔로스루가 불안정해지지 않도록 주의하자.

❯❯ 백핸드 롱푸시

기본적인 동작은 포핸드와 같다. 다만 백사이드로 들어온 공을 보내는 것이므로 포핸드와 반대로 실행하면 된다. 몸을 왼쪽으로 튼 상태에서 머리 위에서 밑으로 원을 그리듯 라켓을 휘두른다.

> 백스윙의 정점에서 라켓은 왼쪽 머리 옆에 위치하고 손목은 왼쪽 눈 옆에 위치한다. 엄지와 손바닥에 힘을 주고 검지는 손가락 끝에만 힘을 주어 타구하며, 손목은 몸 안쪽에서 바깥쪽으로 조금만 틀어준다. 임팩트는 자신의 허리 높이에서 이루어지는 것이 좋다.

① 테이블로부터 1.5m~2m 정도 떨어진 백사이드에서 기본자세를 취한다. 허리는 왼쪽으로 조금만 튼다.

② 상대의 공을 주시하며 백스윙을 시작한다.

몸을 왼쪽으로 틀면서 중심을 왼쪽으로 옮긴다.

③ 공을 보면서 라켓을 머리 위까지 들어 올리고 타구할 타이밍을 생각한다. 팔꿈치를 직각으로 구부리고 몸은 완전히 왼쪽으로 튼다.

라켓을 머리 위까지 들어 올려 백스윙한다.

④ 반원을 그리듯이 둥글게 라켓을 휘두르되, 약간 앞으로 나가듯이 스윙한다. 임팩트 순간 손목의 스냅을 이용해 공에 회전을 건다.

임팩트는 허리 높이에서 이루어진다.

⑤ 팔로스루를 하면서 중심을 오른쪽으로 이동시켜 몸의 균형을 잡는다. 팔로스루 후 신속히 준비자세로 돌아가 다음 공을 대비한다.

반원을 그리면서 자연스럽게 준비자세로 돌아간다.

푸시

푸시공에 대한 대응법

푸시공에 대응하여 공격하는 방법은 두 가지가 있다. 푸시공에 후퇴회전이 강하게 걸려 들어오거나 아주 낮게 들어올 때에는 톱스핀 기술을 택하는 것이 효과적이며, 네트보다 많이 떠서 들어오거나 후퇴회전이 약하게 걸렸다고 판단될 때에는 스매시 기술을 쓰는 것이 효과적이다.

▶▶ 톱스핀으로 받아치기

푸시공은 정점을 지난 직후부터 후퇴회전이 걸리기 시작해 점차 강해진다. 그러므로 가급적 타점이 떨어지지 않은 상태에서 타구해야 수월하게 톱스핀을 걸 수 있다. 자세를 낮춘 상태에서 위로 비스듬히 자세를 세우며 타구하는데, 이때 라켓을 앞으로 약간 기울여 전진회전을 건다.

또한 공에 걸린 후퇴회전의 강도에 따라 쳐야 하는 부분도 달라진다. 후퇴회전이 약하게 걸린 경우에는 공의 옆이나, 옆과 윗부분 사이를 타구하여 회전을 건다. 그리고 후퇴회전이 강하게 걸린 경우에는 공의 옆과 밑부분 사이를 타구하여 회전을 걸어야 한다.

자세를 낮추고 공을 응시하면서 타구점을 확인하고 톱스핀을 걸 준비를 한다.

① 준비자세를 취한다.

백스윙 시 라켓이 오른쪽 무릎 높이까지 내려간다.

② 공이 떨어지는 위치로 오른발을 최대한 가까이 가져가면서 무릎과 허리를 낮추어 오른발에 중심을 싣는다. 오른쪽 어깨의 힘을 빼고 팔꿈치는 약간 구부린 상태에서 자세를 낮추어 백스윙한다.

현정화 어드바이스

임팩트 순간 유의해야 할 점은, 타이밍을 잘 맞추어서 자세를 일으키는 동시에 임팩트해야 한다는 것이다. 몸을 먼저 일으킨 다음 공을 치면 안된다.

> 임팩트 시, 백스윙 자세에서 사선 방향으로 몸이 회전한다.

> 오른쪽으로 쏠려 있던 몸의 중심은 자세를 세우면서 왼쪽으로 이동한다.

> 자세를 위로 세우면서 자연스럽게 팔로스루를 한다.

③ 백스윙 시 낮추었던 자세를 솟구쳐 세우면서, 무릎의 반동과 허리 회전의 힘을 이용해 공에 전진회전을 주면서 타구한다.

④ 팔로스루는 머리 앞에서 간결하게 끝내고, 준비자세로 돌아가 다음 공에 대비하도록 하자.

≫ 스매시로 받아치기

스매시로 푸시공을 받아치면, 톱스핀보다 회전량은 적지만 빠른 공을 보낼 수 있다. 공에 힘과 스피드를 싣기 위해 스윙을 크게 할 수도 있다. 이때, 공이 아웃되지 않도록 공의 구질을 잘 파악하여 스윙의 크기를 조절해야 한다.

스매시의 파워와 스피드를 좀 더 높이고 싶다면, 백스윙을 더욱 크게 하여 강하게 치면 된다. 단, 이때 주의할 점은 라켓을 든 팔이 테이블 밑으로 내려가지 않아야 한다는 것이다.
어깨 전체로 스윙하기보다는 팔꿈치를 빠르게 접어 스윙함으로써 스윙 스피드를 높이고, 임팩트 시 오른쪽 허리를 강하게 틀어 공에 위력을 싣는다. 라켓의 각도는 후퇴회전의 강도에 따라 다르게 조절한다. 공에 후퇴회전이 강할수록 라켓 면이 많이 나오도록 세워서 타구해야 한다.

톱스핀보다 라켓의 면이 많이 나오도록 라켓을 세운다.

① 공이 떨어지는 지점으로 오른발을 가까이 가져가면서 오른쪽으로 중심이 오도록 허리와 무릎을 살짝 낮춰준다.

② 팔은 90도로 구부려 허리 부근에 팔꿈치를 붙인다. 무릎을 좀 더 구부려 자세를 더욱 낮추면서 백스윙을 시작한다. 몸의 중심은 오른쪽에 두고 라켓의 면이 많이 나오도록 라켓을 세워준다.

현정화 어드바이스

스매시의 팔로스루 시 팔꿈치가 들리지 않도록 주의해야 한다. 몸 안쪽에서 벗어나지 않도록 하자.

> 몸이 하나의 축이라 생각하고 회전한다.

> 임팩트를 하면서 자연스럽게 왼발로 중심을 이동시킨다.

③ 공이 정점에 오면 무릎의 반동을 더해 허리를 강하게 틀면서 임팩트한다. 이때, 자신의 몸통을 하나의 축이라고 상상하고 그 축을 기준으로 회전한다는 느낌이 들어야 한다.

④ 몸의 회전을 이용해 자연스럽게 팔로스루한다. 재빨리 준비자세로 돌아가 다음 공을 대비하는 것도 잊지 말자.

상대 힘을 이용한 역습, 블록

경기를 함에 있어 당연히 본인이 주도권을 쥐고 공격을 펼치는 것이 가장 이상적인 상황이겠지만, 현실에서는 상대가 강력한 공격으로 주도권을 쥐고 있는 경우가 분명 발생한다. 이때 필요한 것이 블록(block)이다. 블록은 상대가 공격한 공을 되받아 치는 기술로 상대가 보낸 공의 위력을 살려서 역습을 시도한다. 상대의 실수를 유발할 수도 있고, 코스를 잘 노리면 득점도 가능하다. 특히 포핸드 블록은 잘 구사하면 즉시 역습으로 연결시킬 수 있으나, 백핸드보다 기술 구사가 어렵고 박자를 맞추기 쉽지 않다는 면에서 세심함이 필요하다.

포핸드 블록

바운드된 직후에 공을 타구한다. 스윙을 하기보다는 라켓으로 공을 막아서서 손목만을 미세하게 사용해 약간의 전진회전을 주어 타구한다.

공을 계속 주시하면서 타구할 준비를 한다.

① 공이 바운드되는 지점으로 오른발을 움직이며 오른발 앞에서 포핸드 스트로크보다 작게 백스윙한다.

블록에서 중요하게 생각해야 할 것은, 바운드된 직후에 공을 타구해야 한다는 것과 스윙을 하기보다는 라켓으로 공을 막으면서 손목을 미세하게 사용해 회전을 주어야 한다는 점이다.

기본적으로 포핸드 스트로크와 자세가 흡사하지만, 모든 동작을 짧게 한다. 오른발 앞에서 타구하며 임팩트하는 순간 손목에 살짝 힘을 주어 상대의 회전을 이용한다.

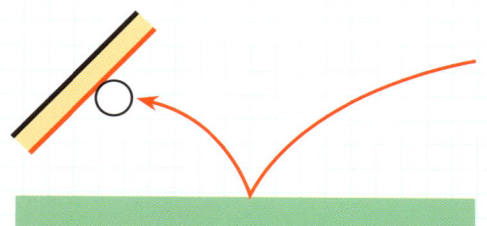

현정화 어드바이스
바운드된 직후에 타구한다.

바운드 직후에 타구를 할 때, 오른쪽 어깨로 공을 막는다는 느낌이 있어야 한다.

현정화 어드바이스
포핸드 스트로크 자세보다 테이블에 가까이 붙고 오른쪽에 중심을 둔다. 라켓은 면이 많이 나오도록 세워준다.

❷ 임팩트 후, 라켓을 앞으로 살짝 보내면서 짧게 팔로스루한다. 스윙에 힘이 들어가면 안되므로 동작이 크지 않도록 주의한다.

백핸드 블록

기본적으로 백핸드 쇼트와 유사하지만, 상대가 공격한 힘을 역이용하는 기술로 쇼트와는 조금 다른 느낌으로 구사해야 한다. 백사이드로 들어온 공격에 대한 수비이기도 하지만, 공이 들어갔을 때 회전이 걸려서 상대의 연속 공격을 방해할 수 있다. 타구 시 손목의 힘을 이용해 약간의 회전을 걸어 되받아 친다.

상대의 공격 각도를 가늠하여 공을 막고 있는 자세로 안정적으로 서야 한다.

스윙이 크지 않아야 한다.

① 쇼트할 때와 같은 자세로 서서 공이 바운드되는 지점을 빨리 파악한다.

현정화 어드바이스 공에 전진회전을 주듯이 공의 윗부분에 살짝 마찰을 주면서 타구한다.

동작을 크게 하지 않고, 라켓을 몸 앞으로 들어 올린다.

바운드된 직후 몸 중심 가까이에서 공을 받는다는 생각으로 타구한다.

② 팔꿈치를 든 상태에서 빠르게 타구하되, 손목을 살짝 틀어 공의 윗부분에 약간의 마찰을 준다. 타구 타이밍은 바운드 직후가 좋다.

③ 손목에 힘을 뺀 상태에서 임팩트 순간 손목에 살짝 힘을 주면서 상대 공의 힘을 이용해 타구한다.

플릭

짧은 공에 대한 선제 공격, 플릭

플릭(flick)은 리시브를 할 때 주로 사용하며 짧은 푸시공을 받을 때에도 많이 사용한다. 짧은 공에 대한 선제 공격법이기 때문에 공이 떨어진 지점까지 오른쪽 다리를 깊게 내딛어 쳐야 한다. 손목을 사용해 공 밑을 파고들어 타구해야 하며, 너무 강하게 받아치려고 하기보다는 정확한 자세로 네트를 넘기는 것을 목적으로 연습한다. 여기에서는 펜홀더로 자세를 설명했다. 셰이크핸드도 동작은 같으니 잘 보고 연습해보자.

포핸드 플릭

짧게 들어온 공을 포핸드로 처리하는 기술이다. 위력적인 힘으로 반격하여 상대의 허를 찌를 수 있다. 손목을 많이 사용하는 기술이므로 손목 동작을 주의 깊게 살펴보면서 연습하자.

라켓에 공이 닿기 전까지 손목을 쓰지 않아야 한다.

① 라켓을 든 쪽의 팔과 발을 테이블 안쪽 깊숙이 가져간다. 이때, 발보다 더 앞쪽으로 팔을 뻗어주고 중심이 흐트러져 균형을 잃지 않도록 주의한다.

② 바운드된 공이 정점에 이를 때 타구한다. 라켓과 공의 접촉면은 최대한 많아야 한다.

HAMPIO

HAMPION

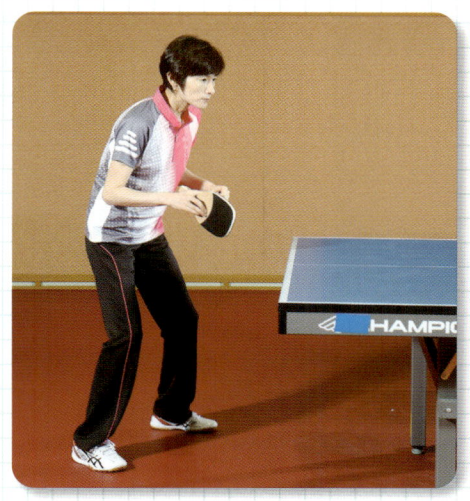

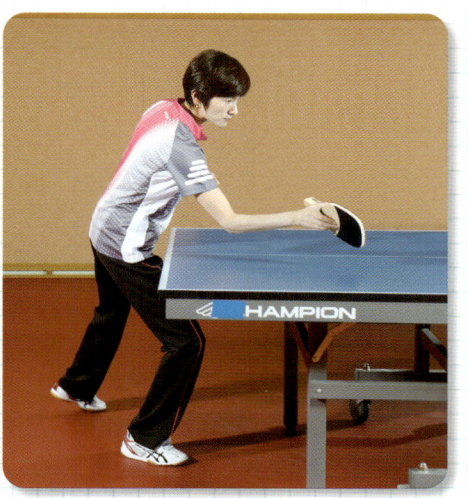

현정화 어드바이스

짧게 들어오는 공을 쳐야 하기 때문에 팔과 다리가 테이블 안쪽 깊숙이 들어간다. 임팩트되기 전에 손목을 쓰지 않도록 주의하자.

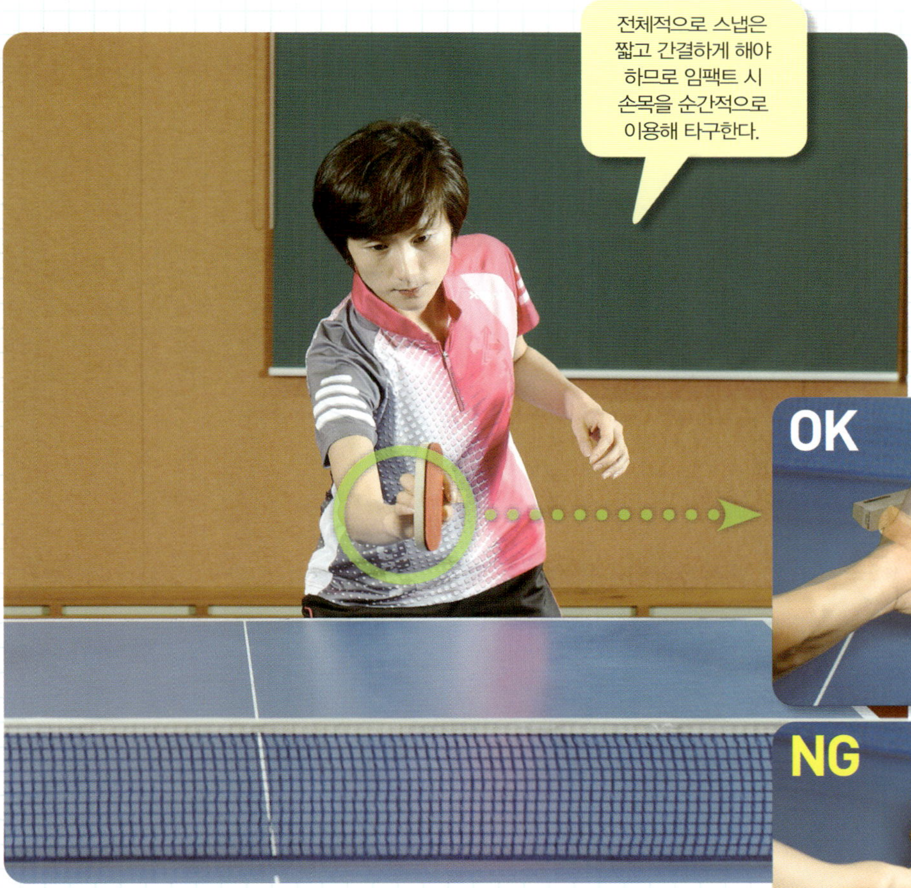
전체적으로 스냅은 짧고 간결하게 해야 하므로 임팩트 시 손목을 순간적으로 이용해 타구한다.

현정화 어드바이스

손목이 지나치게 넘어가지 않도록 주의한다.

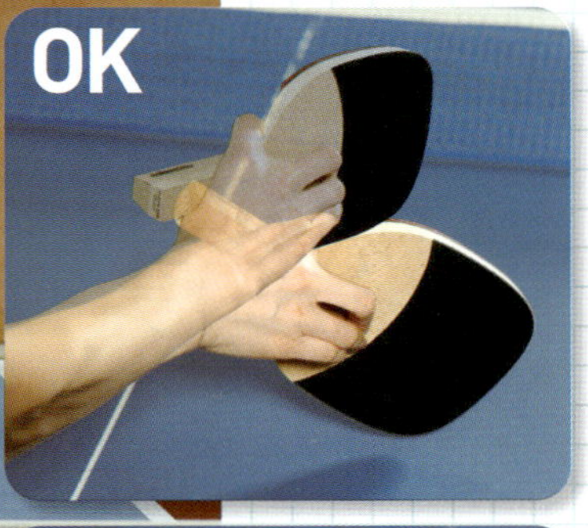
OK

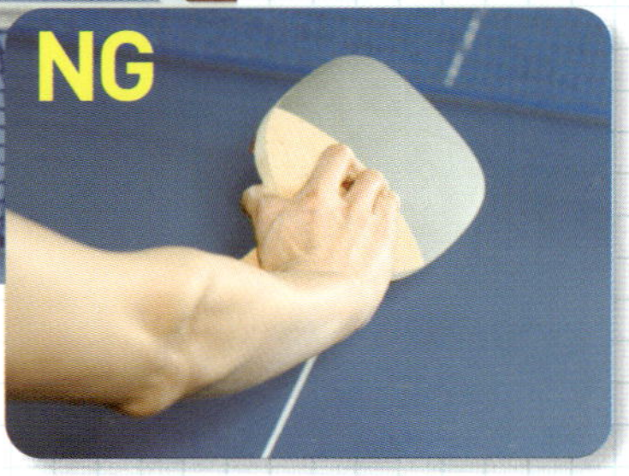
NG

3 임팩트를 할 때 손목을 이용해 공의 옆과 밑부분을 짧게 쓸어친다. 라켓을 든 팔은 그대로 공 쪽으로 뻗는다.

플릭

백핸드 플릭

짧게 들어온 공을 백핸드로 빠르게 넘겨 반격하는 기술이다. 받아치는 동시에 다음 공격으로 연결시키기 좋다.

공을 주시하면서 타구할 타이밍을 노리다가 라켓을 밑에서 위로 올리면서 임팩트한다. 포핸드와 마찬가지로 임팩트 순간에 손목을 사용하여 공에 위력을 더해주자. 공의 측면을 쓸어주는 느낌으로 타구한다.

짧은 공을 타구해야 하므로 오른발과 라켓을 테이블 깊숙이 가져간다.

❶ 오른발을 테이블 안으로 가져가는 동시에 자세를 낮추고, 팔꿈치를 90도 정도 구부려 라켓을 몸 앞에 위치시킨다.

> **현정화 어드바이스**
> 테이블 쪽으로 가깝게 붙으면서 라켓을 몸 앞에 위치시킨다. 포핸드와 마찬가지로 임팩트 전에 손목을 쓰지 않도록 주의하자.

> **현정화 어드바이스**
> 라켓을 밑에서 위로 올리면서 임팩트한다. 손목의 회전을 이용해 플릭하면 공의 스피드를 더할 수 있으므로 임팩트 시 손목 사용에 주의를 기울이자.

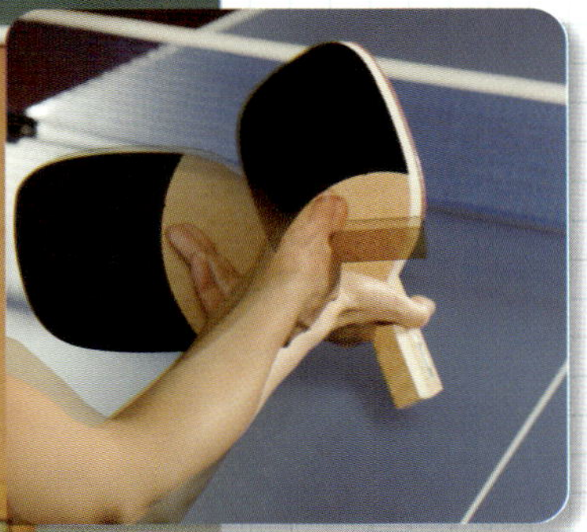

❷ 공이 정점에 있다고 생각될 때 타구한다. 라켓을 세워 공과의 접촉면을 많게 한다. 밑에서 위로 라켓을 틀어 올리면서 임팩트한다.

수세에서의 유용한 방어술, 로빙

로빙(lobbing)은 경기 진행 중 완전히 수세에 몰렸을 때 유용하게 쓸 수 있는 기술로, 상대의 공격을 받아내는 최후의 방어술이라고 볼 수 있다. 강력하게 날아 들어오는 스매시나 톱스핀에 대한 수비로써 테이블에서 많이 떨어진 자리에서 구사하는 경우가 많으므로 상대의 움직임에 집중하여 공의 위치를 파악하고 빠르게 움직여야 한다. 로빙을 한 공이 상대 코트의 엔드라인 가까이로 떨어지면 상대가 톱스핀이나 스매시를 하지 못하거나 실수하는 경우가 생기므로 역습의 기회를 노릴 수 있다.

① 준비자세를 취하고 공이 바운드되어 날아갈 곳을 빨리 판단한다.

② 톱스핀처럼 약간 아래로 팔을 내려 백스윙한다. 몸의 중심은 오른쪽에 실린다.

말풍선: 어디로든 빠르게 움직일 준비를 하고 공에서 시선을 떼지 않는다.

말풍선: 상대가 친 공의 위치를 확인한 뒤, 오른발 앞쪽에서 타구할 수 있도록 재빨리 움직여 자세를 잡는다.

톱스핀 자세보다 스윙의 시작점을 약간 높게 잡아 구사한다는 느낌으로 타구한다. 라켓으로 공의 옆면과 밑면 사이를 맞혀 위로 쓸어올리면서 임팩트해야 하며, 날아오는 공의 강도에 따라 강약이 조절되어야 한다. 상대가 강하게 쳤을 때는 로빙 강도를 약하게 하고 상대 공이 약할 경우에는 강하게 로빙한다.

상대가 다시 강력한 공을 보내거나 갑자기 짧게 보낼 수도 있으므로 상대의 움직임을 잘 주시해 테이블 쪽으로 빠르게 움직일 준비도 잊지 말아야 한다. 공이 상대 테이블의 엔드라인 쪽으로 갈수록 상대가 강하게 되받아 치기 어려우므로 이를 명심하면서 그 부분을 목표로 타구하자.

현정화 어드바이스
공을 보내는 위치는 엔드라인에 가까울수록 좋다. 또한 공이 높을수록 상대가 처리하기 어렵다.

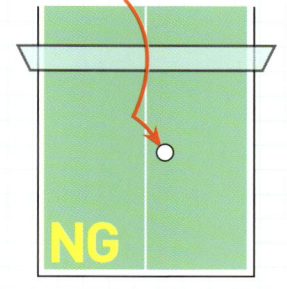
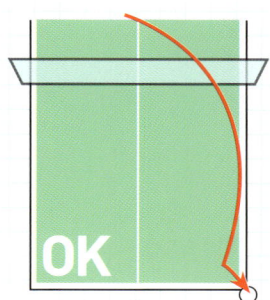

크게 반원을 그리듯이 스윙하며, 가능한 한 라켓의 아랫면을 이용하여 타구한다.

타구 후에도 계속 상대의 움직임을 주시하고 있어야 한다.

③ 라켓의 각도를 비스듬하게 뉘어서 위를 향하게 한 다음, 허리 옆에서 시작해 문지르듯이 그대로 위로 스윙한다.

④ 원을 그리듯 위로 크게 팔로스루하면서 공의 움직임을 주시한다.

로빙

로빙공에 대한 대응법

로빙공은 찬스볼이라 할 수 있다. 높게 뜬 공을 잘 주시하면서 바운드 위치를 파악하고, 크고 강하게 스윙할 준비를 하자. 최적의 타구 타이밍은 한번 바운드된 공이 정점을 찍고 자신의 얼굴 높이까지 내려온 순간이다. 풀스윙을 할 때 공이 바깥쪽으로 아웃되지 않도록 주의해야 한다.

로빙공에 익숙해지면 바운드가 되고 난 뒤 기다렸다가 치는 방법이 아닌 바운드되어 올라오는 공을 바로 치는 방법도 있다. 이때에는 몸과 공 사이가 멀어지지 않도록 테이블에 붙는 것이 좋다. 그러나 타이밍을 맞추기가 어렵기 때문에 초보자에게는 그다지 권하지 않는다. 이외에 로빙공이 들어올 때의 대응법으로 상대가 테이블에서 멀리 떨어져 있다는 점을 노려 짧게 드롭을 놓는 방법도 있다.

> 아무리 높게 들어오는 공일지라도 타구하는 시점은, 바운드된 공이 얼굴 높이로 떨어지는 순간이다.

① 바운드 지점을 먼저 파악한 다음, 적절한 타구 높이에 이르렀을 때의 공의 위치를 파악하는 것이 중요하다.

② 미리 백스윙을 한 자세로 바운드된 공이 자신의 눈높이 정도에 왔을 때 타구할 준비를 한다.

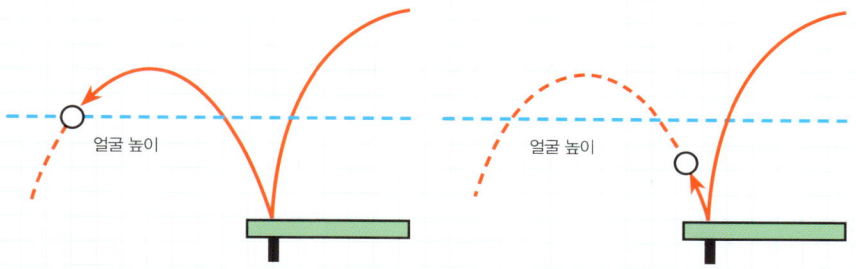

<mark>현정화 어드바이스</mark>
로빙공을 받아칠 때의 타구 타이밍
로빙공을 받아치는 시점은 한번 바운드된 공이 정점을 찍고 자신의 얼굴 높이까지 내려온 순간이다. 숙련된 선수는 바운드되어 올라오는 공을 치기도 한다.

체중을 실어 온 힘을 다해 타구한다.

③ 높은 위치에서 공을 치게 되므로 팔을 조금 들어서 네트 방향으로 내려치며 스윙하되, 테이블 끝으로 공을 보낸다는 생각으로 길게 친다.

④ 앞쪽으로 크게 스윙하면서 그대로 팔로스루한다. 동작을 하면서 공이 들어가는 지점을 확인하는 것도 잊지 말자.

급습을 위한 짧은 타구, 드롭

드롭(drop)은 상대가 테이블에서 멀리 떨어져 로빙을 하고 있을 때, 짧게 놓아서 상대를 앞으로 끌어들이는 기술이다. 라켓을 스윙하여 공을 타구하는 것이 아니라 살짝 갖다대는 느낌으로 타구하자. 자세를 미리 취하고 있으면 상대가 알아채고 앞으로 달려 나오므로 약간의 페인트 모션을 가미할 필요가 있다.

포핸드 드롭

① 준비자세를 취한다. 바운드 직후 바로 타구해야 하므로 자세를 낮추고 공을 응시하면서 바운드 지점을 재빨리 파악한다.

드롭은 공이 바운드되는 위치를 신속히 파악하고 움직여서 테이블에서 튀어 오르자마자 바로 라켓을 갖다대어 타구한다.
가능한 한 공을 짧게 보내 상대의 허를 찌르는 것이 목적이므로, 상대가 드롭을 알아채지 못하도록 일부러 스윙을 크게 하는 시늉을 하다가 짧게 놓으면 효과를 높일 수 있다.

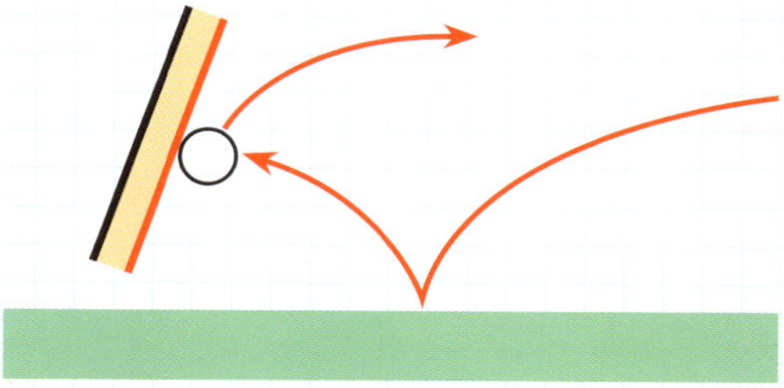

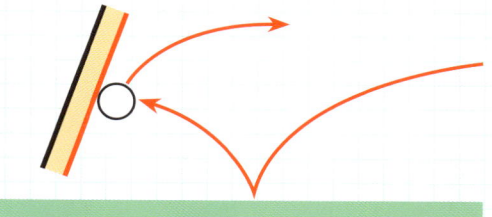

현정화 어드바이스
바운드되자마자 바로 임팩트한다.

> 상대편 테이블의 네트 쪽으로 짧게 놓는 것이 목적이므로 힘을 빼고 라켓을 갖다대는 느낌으로 타구하자.

② 오른발과 팔을 테이블 쪽으로 가져가면서 라켓을 공에 갖다 대듯 타구한다. 스윙은 짧고 간결하게 한다.

97

백핸드 드롭

포핸드 드롭과 마찬가지로 로빙된 공을 상대의 진영에 짧게 놓는 기술이다. 상대가 알아채지 못하게 해야 하는 것과 라켓을 살짝 갖다대어 타구하는 것을 명심하자.

자세를 낮추고 공을 응시하면서 바운드 지점을 신속히 파악한다.

① 포핸드 드롭과 동일하게 준비자세를 취한다.

포핸드 드롭과 마찬가지로 스윙하는 것이 아니라 갖다댄다는 느낌으로 한다.

공이 떨어지는 지점으로 최대한 가까이 오른발을 가져간다.

② 쇼트하는 방법과 유사하다. 단, 공을 미는 것이 아니라 공에 라켓을 가볍게 갖다대어 타구한다. 타구 타이밍은 바운드 직후이다.

더욱 위력적인 공격, 백숏어택

백숏어택(backshort attack)은 직선 방향으로 팔을 빠르게 미는 동작을 이용해 위력적인 공을 넣는 공격성 쇼트이다. 쇼트 기술의 일종으로 일반 쇼트보다 강하게 밀어준다. 공이 정점에 이르기 전에 타구해야 위력을 살릴 수 있으므로 타이밍을 잘 맞추어 타구해야 한다.

펜홀더 백숏어택

중심이 실린 오른발을 축으로 삼아 앞으로 강하게 밀어준다. 라켓을 든 팔이 사선으로 나가는 것이 아니라 정면으로 곧게 나가도록 주의하며 타구한다.

공을 주시하면서 쇼트할 때보다 라켓을 더욱 몸 쪽으로 당겨주어 강하게 타구할 준비를 한다.

① 어깨너비로 발을 벌리고 팔꿈치를 몸 쪽에 붙인 상태에서 오른쪽에 중심을 싣는다.

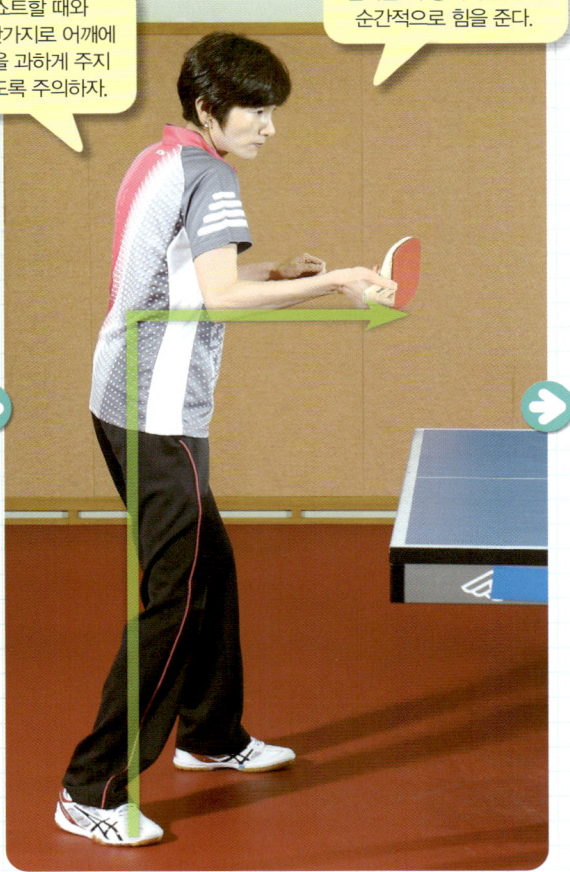

쇼트할 때와 마찬가지로 어깨에 힘을 과하게 주지 않도록 주의하자.

오른쪽에 중심이 실린 상태에서 앞으로 밀어줄 때 중지와 검지에 순간적으로 힘을 준다.

② 오른발을 중심으로 팔을 뻗어준다. 이때 팔꿈치를 몸 쪽으로 붙인 상태에서 내뻗는 것이 중요하다. 그래야 일직선으로 힘을 실어 위력적인 공을 보낼 수 있다.

현정화 어드바이스
정점에 있는 공을 타구하는 것보다 전진성이 남아 있는 공을 타구해야 스피드를 더할 수 있다.

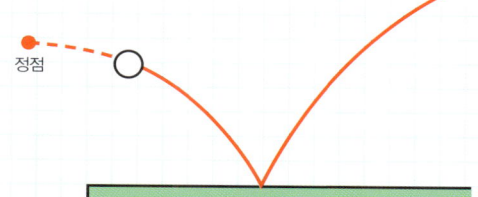

쇼트를 할 때보다 몸 쪽으로 라켓을 더 붙인다.

쇼트할 때와 같은 방법으로 앞으로 밀되, 팔꿈치를 끝까지 펴주면서 라켓을 잡은 팔의 어깨가 앞으로 나간다.

라켓을 잡지 않은 어깨는 자연스럽게 뒤로 빠진다.

기본적인 원리는 쇼트와 같지만 쇼트보다 더 세게 밀어준다.

③ 그대로 팔을 힘차게 뻗어준다. 뻗어나가는 힘에 의해 라켓이 크게 흔들리거나 틀어지지 않도록 손목을 단단히 고정한다.

④ 팔로스루를 끝내면 신속히 준비자세로 돌아간다.

셰이크핸드 백숏어택

기본적인 방법은 펜홀더와 동일하다. 다만 팔이 약간 위로 뻗어나간다는 점을 기억하자. 강하게 타구할 때 공이 아웃되지 않도록 거리에 대한 감각을 잘 익히며 연습해보자.

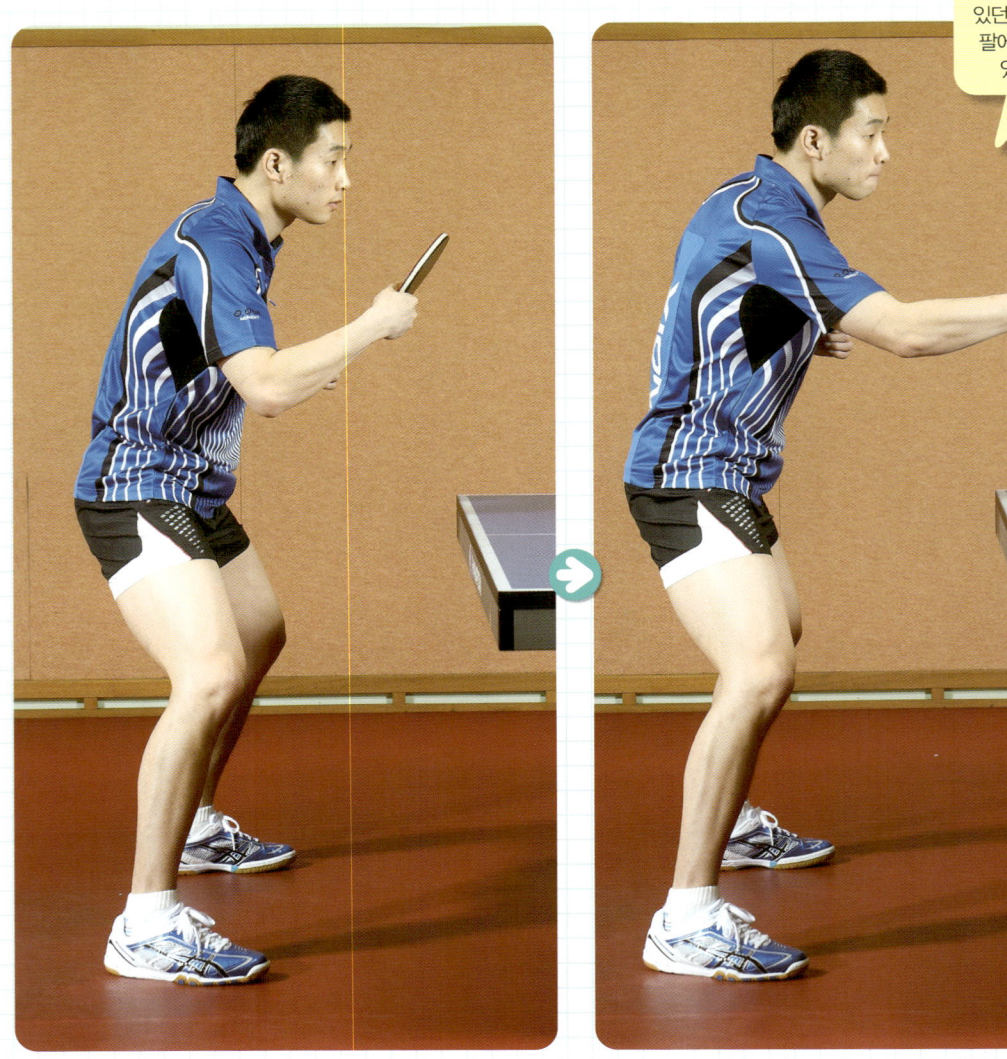

오른쪽에 실려 있던 중심이 내뻗는 팔에 잘 전달될 수 있도록 하자.

① 팔꿈치를 구부려 라켓을 몸 앞에 위치시킨다. 중심을 오른쪽에 싣고 상대의 공을 주시하며 타구할 준비를 한다.

② 손과 어깨를 그대로 강하게 앞으로 뻗어준다.

쇼트할 때보다 몸 쪽으로 라켓을 붙인다.

라켓을 잡은 팔의 어깨를 앞으로 내밀면서 강하게 임팩트한다

> 라켓을 똑바로 앞으로 보내는 것보다 약간 위로 뻗어주어야 앞으로 밀어주는 힘이 더 크게 작용한다.

③ 팔을 그대로 쭉 펴준다. 이때 팔을 위로 약간 비스듬히 올려 치는 것이 포인트다.

④ 팔로스루 후 자세를 가다듬고 다음 공을 대비한다.

103

사이드스핀 쇼트

구질에 변화를 주는 사이드스핀 쇼트

상대의 공에 구질 변화를 주어 보내는 쇼트이다. 쇼트할 때 라켓을 틀어주어 공에 사이드스핀을 건다. 푸시성에 가깝기 때문에 상대의 공이 네트에 걸리도록 만들거나, 공이 들리게 하여 찬스볼을 유도할 수 있다. 바운드된 후 공의 방향이 달라져 상대가 즉각적으로 대응하기 어렵다.

정면으로 들어온 공을 대각선으로 보내는 사이드스핀 쇼트

정면으로 온 공을 사이드 즉, 대각선으로 보내는 방법이다. 스핀을 걸어야 하므로 라켓과 공의 접촉면이 많아서는 안되며, 공의 왼쪽 부분을 문지르듯 타구한다. 라켓이 몸 안쪽으로 들어왔다가 바깥쪽으로 나가는 궤도를 눈여겨보자. 미세한 부분이지만 이러한 느낌을 유념하면서 타구해야 한다.

① 오른쪽 옆구리 부근에 팔꿈치를 붙인다. 공을 주시하면서 라켓을 몸 쪽으로 붙이고 팔꿈치는 거의 90도로 구부려준다.

② 바운드된 공이 정점에 이르기 전에 공의 뒷면부터 시작하여 왼쪽 부분을 문지르듯이 밀어주어 스핀을 건다. 라켓을 든 팔이 살짝 반원을 그리면서 몸 안쪽에서 바깥쪽으로 나가도록 한다.

팔꿈치가 옆구리에서 많이 떨어지지 않게 한다.

공의 측면을 타구할 수 있도록 라켓을 옆으로 세워준다.

● 연속동작 ● 대각선으로 보내는 사이드스핀 쇼트

이 기술은 톱스핀의 회전을 죽이거나, 쇼트로 들어온 공을 받아칠 때 구질에 변화를 주어 상대의 범실을 유도하기 위한 목적으로 많이 사용한다. 톱스핀이 많다고 생각이 될 때는 타구의 시작점을 높여서 위에서 아래로 내려가는 느낌으로 사이드스핀 쇼트를 하면 회전이 많은 톱스핀이라고 하더라도 그 회전을 죽일 수 있다.

③ 임팩트에서 팔로스루까지 라켓의 끝부분이 먼저 나가도록 하고, 공을 보낸 방향을 확인하면서 자연스럽게 팔로스루를 한다.

④ 팔로스루가 끝나면 준비자세로 돌아와 다음 공을 대비한다.

사이드스핀 쇼트

대각선으로 들어온 공을 정면으로 보내는 사이드스핀 쇼트

대각선으로 들어온 공을 정면으로 보내는 방법이다. 대각선으로 보낼 때보다 라켓과 공의 접촉면을 많게 하고 상대방의 회전을 살려 앞으로 보낸다. 대각선으로 보내는 공과 적절히 섞어 사용하면 상대가 대응하기 어렵다.

> 많은 사람들이 쇼트나 사이드스핀성 쇼트를 할 때 앞으로 미는 부분에만 신경을 쓰는 경향이 있다. 그러나 앞으로 밀고 난 후, 다음 공격에 대비하여 처음 시작한 자리로 신속히 돌아오는 것이 더욱 중요하다.
> 팔꿈치를 붙인 상태에서 앞으로 미는 동작과 옆구리 쪽으로 붙이는 동작을 반복 연습함으로써 신속히 자세를 정비할 수 있도록 하자.

발을 어깨너비로 벌리고 팔꿈치는 90도 정도 구부린다.

라켓의 면이 많이 나오도록 앞으로 세워준다.

① 준비자세는 같다. 상대의 공을 잘 보면서 타구할 준비를 하자.

② 팔꿈치를 몸 쪽에 붙인 상태에서 직진으로 나가기보다는 몸 안쪽으로 라켓이 뻗어나가도록 타구한다. 대각선으로 보낼 때와 마찬가지로 라켓의 끝부분이 먼저 나가도록 밀어주지만, 공과 라켓의 접촉면이 더 많게 한다.

● 연속동작 ● 정면으로 보내는 사이드스핀 쇼트

③ 그대로 팔을 길게 밀어주면서 팔로스루한다.

④ 타구한 공의 위치를 확인하면서 준비자세로 돌아가 다음 공을 대비한다.

사이드스핀 쇼트

대각선에서 들어온 강한 톱스핀을 정면으로 보내는 사이드스핀 쇼트

이 기술은 상대가 대각선에서 톱스핀을 강하게 넣었을 때, 그 회전을 역이용하여 정면으로 넣는 방법이다. 104쪽에서 공을 쓸어준 부분과 반대로 공을 쓸어주어 사이드스핀을 주면 된다. 톱스핀에 걸린 회전을 역이용하여 스트레이트로 보낼 때 많이 사용한다.

라켓을 왼쪽 몸통 옆에 위치시킨다.

① 상대의 톱스핀을 확인한 후, 바운드 지점을 파악한다. 왼쪽에서 스윙을 시작할 수 있도록 라켓을 위치시키고 공을 받을 준비를 한다.

상대의 톱스핀을 역이용하는 것이기 때문에 빠르게 서두르거나 강하게 치면 안된다. 공을 부드럽게 어루만지듯이 사이드스핀을 거는 것이 중요하다. 그대로 팔을 펴주어 팔로스루를 하고 준비자세로 돌아가는 것도 잊지 말자.

라켓을 오른쪽으로 밀어주면서 공의 스핀을 살려 정면으로 보낸다.

바운드된 공이 정점에 이르기 전에 타구한다.

❷ 몸 안쪽에서 바깥쪽으로, 약간 사선으로 라켓을 밀어준다. 너무 힘주어 공을 타구하지 말고 걸려 있는 스핀을 이용해 정면으로 보낸다.

하프 발리

중·후진에서의 방어술, 하프 발리

하프 발리(half volley)는 탁구대의 중, 후진에서 수세에 몰렸을 때 상대의 톱스핀이나 스매시 공격을 안정적으로 받아내는 기술이다. 주로 백핸드로 이루어지며, 상대의 톱스핀을 이용해 길게 받아내는 것이 좋다. 라켓의 스윙 궤도가 반원을 그리듯이 크게 이루어진다는 점에 유의하면서 연습해보자.

> 전체적인 팔 동작은 테니스의 백핸드 스트로크와 흡사하다. 적정한 스피드와 스핀이 있어야 상대의 강한 공격을 저지할 수 있다. 로빙보다는 약간 낮게 스윙하며 공에 전진회전이 걸리도록 타구한다. 타구 타이밍은 바운드된 공이 정점을 지나 떨어질 때쯤이 좋다. 로빙과 마찬가지로, 타구한 공이 상대 코트의 엔드라인 가까이에 떨어질수록 상대가 반격하기 어려우므로 엔드라인을 목표로 연습한다.

공이 오는 방향을 파악해 빠르게 움직일 수 있도록 안정된 스탠스를 만든다.

① 발을 어깨보다 좀 더 넓게 벌려 안정된 스탠스를 만들고 공의 위치를 잘 파악하여 적당한 타이밍에 스윙할 수 있도록 대비한다.

라켓을 든 손목과 팔꿈치가 일직선이 되도록 한다.

② 자세를 왼쪽으로 틀어 중심을 왼쪽에 싣고, 팔꿈치는 거의 90도로 구부려 백스윙 자세를 취한다.

● 연속동작 ● 하프 발리 옆모습

팔꿈치를 축으로 라켓이 반원을 그리도록 스윙한다.

③ 자신의 머리 앞에서 라켓이 반원을 그리도록 스윙한다. 중심은 왼쪽에서 오른쪽으로 이동된다.

④ 대각선 위로 스윙을 하면서 라켓 끝이 앞쪽을 향하게 한다. 타구한 공의 위치를 확인하면서 준비자세로 돌아가 다음 공을 대비하자.

이면타법

펜홀더 백핸드 톱스핀의 다른 이름, 이면타법

이면타법은 라켓 뒷면에 러버를 붙여서 백사이드로 온 공을 이 뒷면 러버로 타구하는 기술이다. 과거 펜홀더 전형의 선수들은 대부분 한쪽 면의 러버를 이용하여 백핸드와 포핸드를 구사했으나, 중국의 왕하오 선수가 이 이면타법을 사용해 세계적인 선수로 발돋움하게 되면서 많은 선수들이 구사하게 되었다.

> 라켓을 든 팔은 거의 직각으로 구부려준다.

> 라켓이 몸 안쪽에 위치하도록 손목을 안으로 꺾어준다.

① 마치 셰이크핸드 그립으로 백핸드 톱스핀을 구사하는 자세를 취하고 무릎은 살짝 구부린다.

② 오른발에 중심을 두고, 라켓이 오른쪽 허리까지 오도록 손목과 어깨를 틀어준다. 톱스핀형 기술이므로 약간 아래쪽으로 백스윙이 이루어진다.

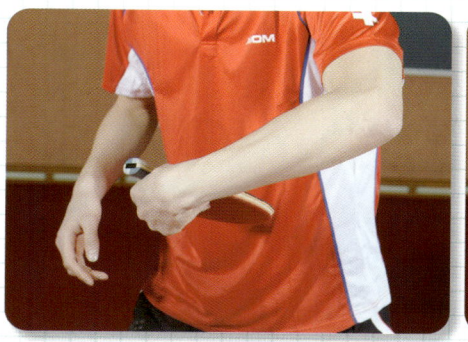

현정화 어드바이스

손목을 사용해 강하게 임팩트한다. 가능한 한 마찰을 많이 주어 스핀을 걸어야 한다.

③ 타이밍을 맞춰 뒷면으로 공을 타구한 후에는 팔꿈치를 축으로 반원을 그리듯이 자연스럽게 위로 스윙을 한다. 손목 또한 자연스럽게 위로 올리는 느낌으로 움직인다.

④ 임팩트 후 손은 공을 보낸 상대방의 코트 쪽으로 자연스럽게 향한다. 약간 반원을 그리듯이 올렸다가 준비자세로 자연스럽게 돌아온다.

치키타

상대의 서브를 강하게 반격하는 기술, 치키타

짧게 들어오는 공을 라켓의 뒷면을 이용해 위력적으로 타구하는 기술이다. 일명 '치키타'라는 명칭으로 널리 알려져 있다.

> '치키타'는 사실 바나나 등의 과일을 판매하는 미국의 유명 브랜드 명칭으로, 공식적인 탁구 용어가 아니다. 그럼에도 이 같은 별칭으로 불리게 된 이유는 타구한 공이 휘어서 빠르게 날아가는 모습이 마치 바나나와 같았기 때문이다.

팔꿈치를 세우고 손목을 틀어 상대의 공을 쓸어 올릴 준비를 한다.

① 무릎을 살짝 구부리고 상대의 공에 대응할 준비를 한다.

② 오른쪽 다리를 빠르게 테이블 밑으로 넣으면서 팔꿈치를 들고, 손목을 45도 방향으로 돌리면서 끝까지 틀어준다. 이때 라켓의 면이 앞에서 보여야 한다.

옆에서 본 모습

🔶 **현정화 어드바이스**

테이블 밑으로 오른쪽 다리를 바짝 밀어 넣는다. 공과 가까운 상태에서 공의 밑부분과 옆부분을 쓸어 올리듯이 타구한다.

> 팔보다는 손목으로 회전을 건다는 느낌으로 타구한다.

③ 손목을 10시 방향으로 돌리면서 공의 옆부분을 쓸어 올려준다. 이때 엄지와 검지에 힘을 주면서 자신이 보내고 싶은 방향으로 강하게 공을 보낸다.

④ 공이 나아가는 방향으로 손목을 끝까지 보내면서 힘을 전달한다.

›› 백스윙 동작

라켓을 45도 각도로 비스듬히 빼면 손목을 틀었을 때 러버의 면이 보인다. 이런 자세가 되어야 회전이 걸린 공에 대응할 수 있다.

라켓을 뒤로 빼면 손목을 꺾었을 때 러버의 면이 보이지 않는다. 이 상태로 타구하면 후퇴회전이 많이 걸린 서브는 네트에 걸린다.

›› 피니시 동작

공이 나아가는 방향으로 손목을 끝까지 보내면서 회전을 건다는 느낌으로 타구한다. 손목에 힘을 주어 라켓을 보낸다.

손목이 끝까지 나가지 않고 중간에 멈추면 회전이 걸리지 않아 공이 네트에 걸리는 경우가 많다.

쉬어가기

우리나라 탁구의 도입과 변천 Ⅰ

우리나라에 탁구가 언제, 어디서, 어떤 경로로 도입되었는지 문헌상 정확하게 기록된 바는 없다. 다만 국제탁구연맹 편람에 탁구가 1899년 영국에서 일본으로 보급되었고 1900년대 초 한국, 중국, 홍콩 등지로 전파되었다고 기술되어 있을 따름이다. 이에 따라 탁구계에서는 도입 경로를 두 가지로 추정하고 있다. 하나는 인접한 지리적 여건 때문에 문물의 교류와 인적 왕래가 잦았던 일본으로부터 한일강제병합을 전후하여 도입되었다는 설이며, 또 하나는 영국을 비롯한 서구의 선교사들이 종교 전파의 수단으로 탁구를 이용했다는 설이다. 그러나 어느 것도 분명치는 않다.

대한탁구협회에서는 1924년 1월 경성일일신문사에서 주최했던 '핑퐁경기대회'를 한국 탁구대회의 효시로 보고 있다. 이 시점을 계기로 탁구는 소수 계층의 유희에서 대중적인 스포츠로 보급되기 시작했다. 그리고 다음해 제2회에서는 3백 여명의 남녀 선수가 참가하여 대성황을 이룬 가운데, 이용렴 선수가 여자부에서 패권을 차지했다. 그리고 1927년 조선신궁 경기대회에 핑퐁이 경기 종목으로 채택되어 권상순이 우승의 영예를 안았다.

우리 손으로 개최한 첫 대회는 1928년 YMCA 체육관에서 개최한 제1회 조선탁구대회이다. 한국 체육 사상 특기할 이 신규 행사에서는 장경복 선수가 우승했고, 경성제국대학이 주최한 조선학생탁구대회에서는 방인영 선수가 패권을 차지했다.

그동안 일본식 연식공을 사용해오던 한국 탁구는 1936년부터 유럽과 미국 등지에서 사용하던 경식볼로 전환하여 기술 개선의 진일보를 거두는 전기를 맞게 된다. 그리고 같은 해 5월 개최된 제1회 전조선 경식탁구대회에서 신예 최근항 선수가 등장하여 돌풍을 일으켰다. 최

쉬어가기

근항 선수는 1940년 6월 동경에서 열린 범태평양 탁구선수권대회와 이듬해 전일본 선발탁구대회, 제5회 전일본 탁구선수권대회를 석권하는 등 발군의 기량으로 한국 탁구가 국제무대로 도약하는 진가를 마련하여 우리나라 탁구의 선구자로 평가받고 있다.

이와 같이 해방 전의 한국 탁구는 여명기의 짧은 연륜에도 불구하고 선수들이 뛰어난 자질을 발휘해 눈부신 활약상을 펼침으로써 암울했던 식민지 시절 민족의 울분을 조금이나마 달래 주었다고 할 수 있겠다.

1945년 해방을 맞은 그해 9월 조선탁구협회가 발족하고 당시 동덕여고 설립자였던 조동식 씨가 초대 회장으로 취임했다. 이어 1947년에 대한탁구협회로 개칭하고 첫 사업으로 제1회 전국종합탁구선수권대회를 개최했다. 그리고 1950년 국제탁구연맹에 가입하였으며, 같은 해 현 아시아탁구연합(ATTU)의 전신인 아시아탁구연맹(ATTF)에 가맹하였다.

※ 자료 : 대한탁구협회 공식 홈페이지

PART 03
서비스와 리시브

서비스 규정

올바른 서비스 방법을 익혀보자

서비스는 항상 같은 박자로 넣는 것을 목표로 연습해야 한다. 처음 서비스를 연습할 때부터 일정한 높이로 공을 띄워 같은 박자로 공을 타구해야 하며, 바운드 또한 일정한 지점에서 이루어질 수 있도록 연습하는 것이 중요하다. 공을 띄우고 난 뒤 너무 높은 타점에서 임팩트를 하면 공이 높게 바운드되어 떠 버리기 때문에 오히려 상대에게 찬스를 내줄 수 있다.

❶ 먼저 공을 어느 정도 띄울 것인지 생각하고, 보낼 코스도 정한다.
❷ 서비스의 종류를 정한다.
❸ 공을 띄운 다음 공이 테이블과 최대한 가까워진 순간 타이밍을 맞춰 임팩트한다.
❹ 만일 길게 넣고 싶다면(롱 서비스) 자신의 테이블 앞쪽에 바운드를 시켜야 하고, 짧게 넣고 싶다면(쇼트 서비스) 네트 쪽으로 바운드를 시켜야 한다.

초보자의 경우, 크고 강하게 임팩트해야 스핀을 많이 줄 수 있다는 생각에 어깨에 힘을 많이 준 상태로 타구하기 쉽다. 그러나 이는 바른 서비스 방법이 아니다. 어깨의 힘을 뺀 상태로 팔꿈치를 들고 손은 떨어뜨려, 임팩트 순간 넣고자 하는 방향으로 순간적으로 손목을 사용해야 좋은 구질의 서비스를 구사할 수 있다.

서비스 방법 및 주의사항

서비스한 공은 반드시 자신의 테이블에서 한 번 바운드된 후 네트를 넘어 상대 코트로 들어가야 한다.

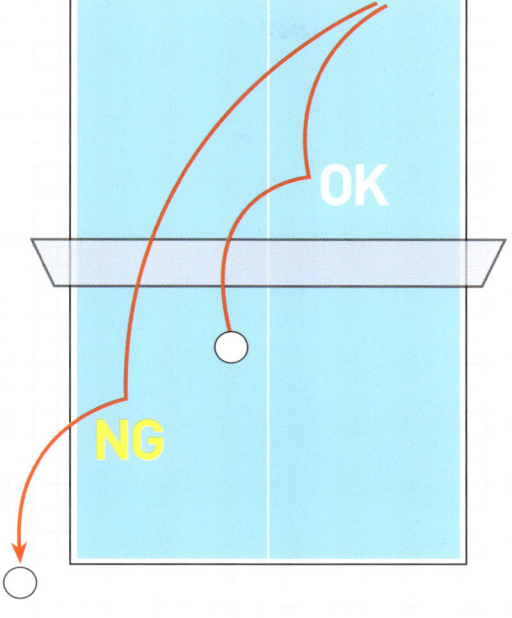

손바닥을 편 상태에서 손바닥의 가운데에 공을 올려 놓아야 한다.

손가락을 오므리면 안된다.   공이 손끝에 오면 안된다.

상대방이 볼 수 있도록 공을 잡은 손은 테이블보다 높은 위치에 있어야 한다.

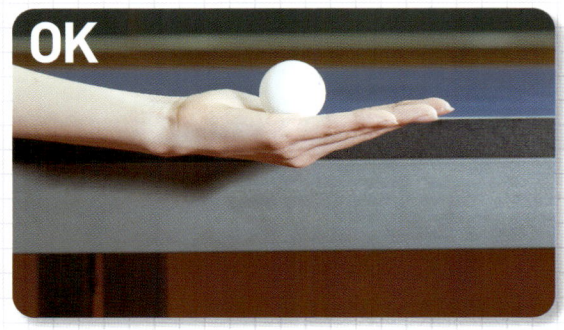 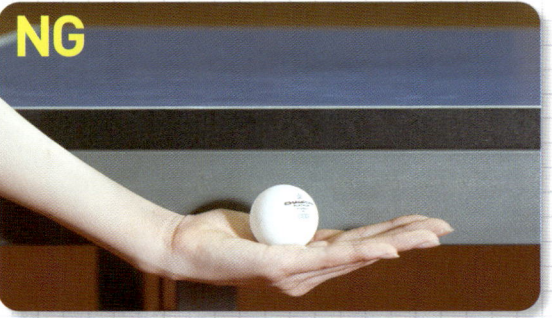

서비스 규정

 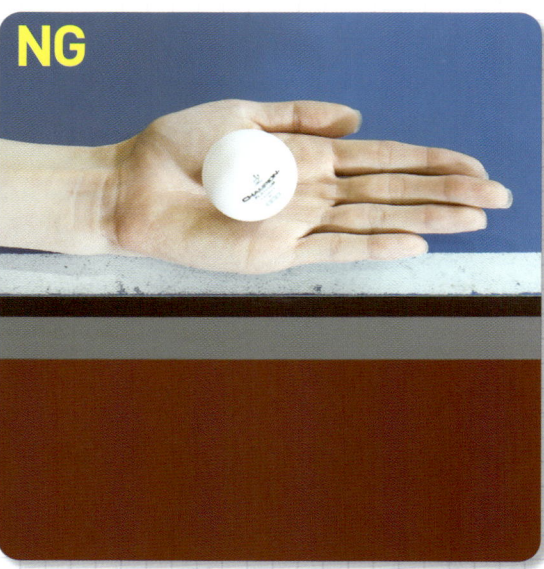

토스 시 공을 들고 있는 손이 테이블 위에 올라가 있으면 안된다.

토스한 공은 손바닥에서 16cm 이상 수직으로 올라가야 한다.   자신의 몸 쪽으로 공을 던져 올리면 안된다.

임팩트 시 라켓을 잡지 않은 손과 어깨, 몸 등 신체의 어떤 부위로든 공을 가려서는 안 된다. 현재의 규정은 '공이 손바닥에서 떨어지면 라켓을 잡지 않은 쪽의 팔을 공과 지주대 사이에서 밖으로 빼야 한다'라고 명시되어 있다. 리시브하는 사람이 공을 볼 수 있도록 공을 던졌던 팔을 바깥으로 빼야 한다는 뜻이다.

프리 핸드를 밖으로 빼야 한다.

프리 핸드로 공을 가리면 안된다.

테이블 위에서 임팩트를 하면 안 된다.

서비스 종류와 특징

여러 가지 서비스를 익혀보자

서비스는 랠리가 시작되기 전 처음 보내는 공이다. 좋은 서비스를 펼치면 상대의 리시브를 무력화시키고 공격 찬스를 만들 수 있다. 코스와 스핀에 따라 여러 종류로 나누어지는 다양한 서비스 기술을 잘 익혀 유리한 위치를 선점해보자.

언더스핀 서비스(하회전)

언더스핀 서비스(하회전 서비스)는 공의 밑면을 깊게 파고들어 손목을 이용해 후퇴회전을 강하게 거는 기술이다. 탁구에서 매우 흔하게 사용되는 서비스 기술 중 하나로 공이 상대방의 테이블에서 바운드된 후 네트 쪽으로 역회전하게 된다. 회전이 강하고 네트를 아슬아슬하게 넘길 정도로 짧게 구사할수록 상대가 대응하기 어려워진다.

왼발을 좀 더 앞으로 내밀고 무릎은 살짝 구부린다.

① 백사이드 쪽의 테이블 모서리에서 포어사이드를 바라보고 선다. 허리는 약간 숙이고 다리를 어깨너비로 벌린다. 시선은 공을 향한다.

② 공을 수직 위로 16cm 이상 띄운다.

③ 떨어지는 공을 응시하면서 목표지점인 공의 밑면을 칠 준비를 한다. 라켓을 거의 눕혀 어깨 높이까지 올려 백스윙한다.

언더스핀 서비스와 너클 서비스의 차이는 임팩트에서 결정난다. 너클 서비스는 회전을 주는 동작처럼 보이지만 실제로는 회전을 주지 않고 상대를 교란시키는 서브이다. 언더스핀 서비스의 경우와 다르게 손목을 전혀 쓰지 않고 공의 밑면을 짧게 밀어치며 임팩트 한다.

임팩트 순간 손목을 안쪽으로 꺾어 언더스핀을 건다.

④ 공이 테이블에 가까이 떨어졌다고 생각되는 시점에서 라켓을 밑으로 떨어뜨리며 공의 밑면을 깊게 임팩트한다. 임팩트 시 순간적으로 손목을 꺾어 강하게 스핀을 건다.

⑤ 손목을 몸 안쪽으로 꺾은 채 그대로 몸 쪽으로 팔로스루한다. 공을 보낸 뒤에는 곧바로 준비자세로 돌아가 상대방의 공에 대응할 수 있도록 하자.

서비스 종류와 특징

너클 서비스(무회전)

언더스핀 서비스를 할 때와 같은 동작으로 서브를 넣지만 임팩트 시 하회전이 전혀 걸리지 않도록 넣는 서브를 말한다. 너클 서비스 자체는 리시브하기 어렵지 않으나, 너클 서비스와 언더스핀 서비스를 무작위로 섞어 보내면 상대의 리시브를 교란시킬 수 있다. 공격의 찬스를 만드는 데 유용하다.

> 임팩트 전까지의 동작은 언더스핀 서비스와 같다.

① 서비스 기본자세를 취한다.

② 공을 수직 위로 16cm 이상 띄운다. 이때 라켓 면이 위를 향하게 하여 라켓을 어깨 높이까지 올린다.

③ 언더스핀 서비스를 넣는 동작으로 팔을 들었다가 내린다.

너클 서비스

손목을 사용하지 않고 그대로 임팩트한다.

언더스핀 서비스

임팩트 시 손목을 순간적으로 사용하여 공에 스핀을 건다.

> 임팩트 시 손목 스냅을 사용하지 않고 공의 밑면을 짧게 밀어준다.

④ 언더스핀 서비스와는 다르게 임팩트 시 손목을 사용하지 않고 공의 밑면을 짧게 미는 느낌으로 타구한다.

⑤ 공을 튕겨낼 때 라켓을 잡은 손에 지나치게 힘이 들어가지 않도록 주의하고, 짧게 팔로스루한다.

사이드스핀 서비스(횡회전)

사이드스핀 서비스는 공의 측면을 타구하여 회전을 거는 기술이다. 라켓을 눕혀서 임팩트할수록 푸시성(하회전) 구질의 서브가 되고 라켓의 각도를 세워 임팩트할수록 횡회전 구질의 서비스가 된다. 팔을 시계추처럼 떨어뜨리는 것에 유의하면서 연습해보자.

> 라켓을 어깨 높이만큼 들어 올려 백스윙한 뒤, 팔꿈치를 축으로 마치 자명종의 시계추가 떨어지듯 손과 라켓을 자연스럽게 떨어뜨려 그대로 타구한다. 오른쪽 옆구리 부분과 테이블이 최대한 가까워지도록 허리를 회전시키고, 공이 테이블 근처와 오른쪽 옆구리에 최대한 들어왔을 때 임팩트하는 것이 좋다.

① 서비스를 위한 기본자세를 취한다.

② 무릎을 살짝 구부린 상태에서 공을 수직 위로 16cm 이상 띄운다.

> 팔의 긴장을 풀고, 팔꿈치를 축으로 시계추가 흔들리듯이 라켓을 휘두른다.

③ 공의 측면부터 임팩트가 이루어질 수 있도록 사진과 같이 라켓을 세워준다.

> **현정화 어드바이스**
> 라켓과 팔이 하나가 되어 마치 시계추와 같이 움직여야 한다.

④ 라켓을 밑으로 떨어뜨릴 때 라켓의 면이 끝까지 포어사이드를 향하도록 세워주면서 공의 측면을 문지른다.

⑤ 타구한 공을 주시하면서, 시계추가 움직이듯 자연스럽게 팔로스루한다.

롱 서비스

전진회전이 빠르고 강하게 걸려서 길게 들어가는 서브를 말한다. 리시브하기에 까다로운 구질은 아니지만, 코스가 깊거나 빠른 속도가 붙었을 때에는 바로 득점으로 연결시킬 수 있다는 장점이 있다.

1 서비스 기본자세를 취한다.

2 공을 수직 위로 16cm 이상 띄우면서 라켓을 어깨 높이까지 올려 백스윙한다.

③ 라켓 면이 정면을 향하도록 서서히 세우며 스윙한다.

앞으로 강하게 때린다는 느낌으로 밀어준다.

④ 공이 테이블에 최대한 가깝게 떨어졌을 때 라켓을 세워 타구한다.

⑤ 손목 스냅을 사용하지 않고 그대로 밀어준다.

서비스 종류와 특징

YG 서비스(역횡회전)

YG(Young Generation) 서비스는 사이드스핀 서비스와는 반대 방향으로 회전(역횡회전)이 걸린다. 최근 젊은 선수들이 많이 사용하는 서비스 기술이다.

① 백사이드 쪽의 모서리에서 포어사이드를 바라보며 선다. 다리는 어깨너비로 벌린다.

② 공을 수직 위로 16cm 이상 띄우면서 라켓을 어깨 높이까지 올려 백스윙한다.

❸ 라켓 핸드를 몸 안쪽으로 꺾으면서 내린다.

팔꿈치와 손목을 몸 쪽으로 꺾는다.

❹ 임팩트를 하기 전 손목을 안쪽으로 꺾어 라켓의 헤드가 최대한 몸 쪽을 향하게 한다.

라켓 헤드가 최대한 몸 쪽에 오도록 한다.

❺ 손목을 이용해 라켓을 아래에서 위로 올리며 공의 오른쪽 하단부를 쓸어주듯 친다.

손목을 이용하여 공의 오른쪽 하단부에 스핀을 건다.

서비스 종류와 특징

백핸드 서비스

백핸드 서비스는 준비자세를 비롯해 토스, 백스윙 등의 동작이 포핸드와 차이가 있으므로 잘 살펴보고 몸에 익혀야 한다. 백핸드 서비스 시 가장 중요하게 생각해야 할 것은, 스윙 시 왼쪽에서 오른쪽으로 허리를 회전시키며 그 힘을 이용해 타구해야 한다는 점이다.

백핸드 서비스는 3구에서의 백핸드 톱스핀이 용이하다는 장점이 있으며, 포핸드 서비스와 마찬가지로 공을 타구하는 방법에 따라 언더스핀, 사이드스핀, 롱, 너클 서비스 등으로 다양하게 구사할 수 있다.

① 오른발보다 왼발을 뒤쪽에 두고 백사이드를 향해 사선으로 선다. 라켓 핸드는 배 앞에 가볍게 위치시킨다. 허리와 무릎은 살짝 구부리고 공을 주시한다.

OK
CHAMPION

NG
CHAMPION

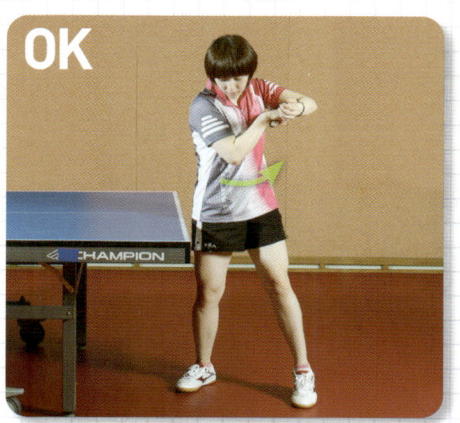

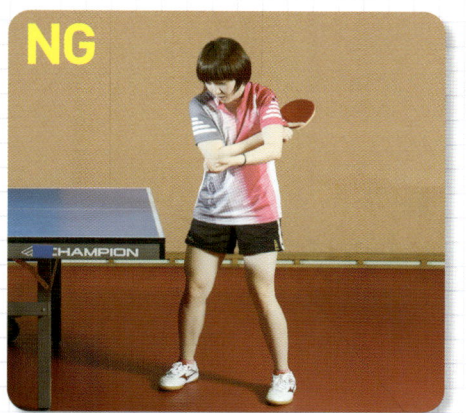

현정화 어드바이스

왼쪽으로 허리를 살짝 틀면서 백스윙해야 자연스러운 백핸드 서비스를 구사할 수 있다.

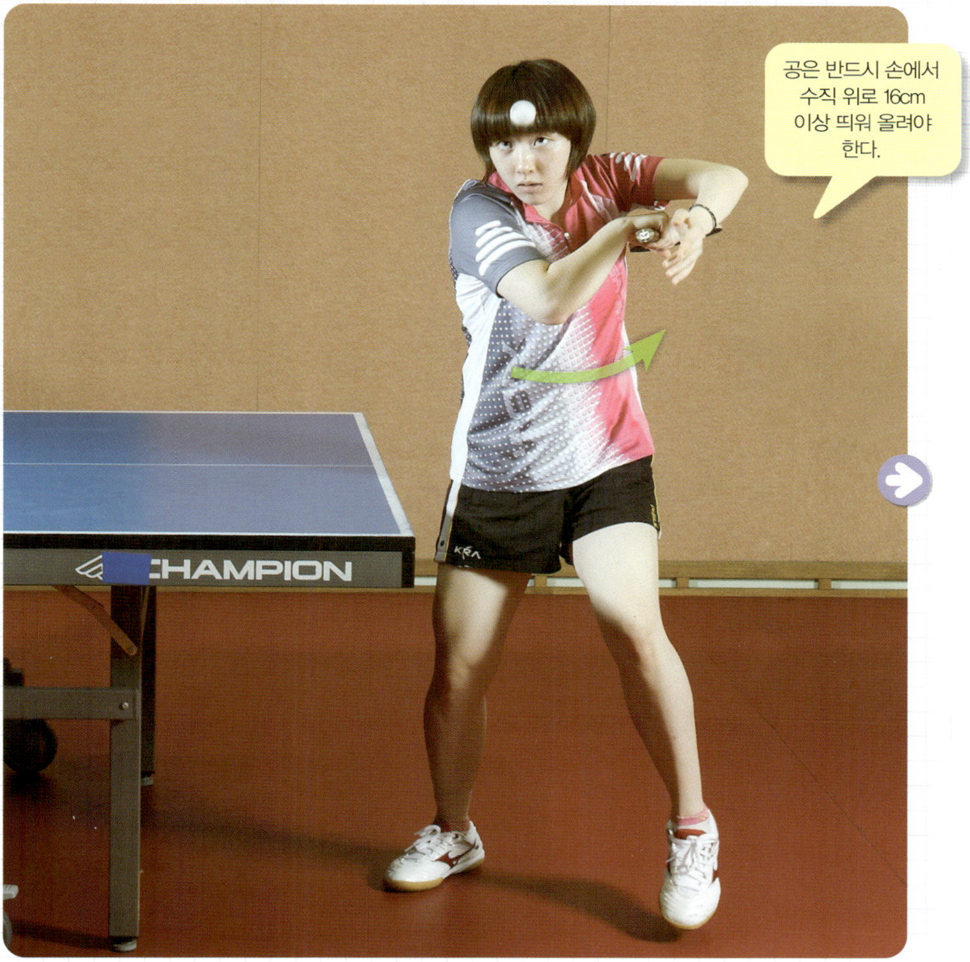
공은 반드시 손에서 수직 위로 16cm 이상 띄워 올려야 한다.
CHAMPION

2 공을 띄우면서 허리를 왼쪽으로 살짝 회전시키는 동시에 라켓을 왼쪽으로 빼면서 백스윙한다. 이때 중심은 오른쪽으로 실린다.

서비스 종류와 특징

> 임팩트 시 손목을 아래로 내리면서 빠르게 임팩트한다.

현정화 어드바이스
공이 최대한 몸에 가까워졌을 때 임팩트해야 한다.

NG

③ 오른쪽에서 왼쪽으로 무게 중심을 이동시키면서 라켓을 다시 배 앞으로 빠르게 내려 임팩트한다.

> **현정화 어드바이스**
>
> **백핸드 서비스에서 회전의 걸 때의 라켓 각도**
>
> 백핸드 서비스도 포핸드 서비스와 마찬가지로 라켓 각도를 달리하여 회전에 변화를 줌으로써 다양한 구질의 서비스를 구사할 수 있다.

톱스핀을 걸 때
라켓을 세워서 타구한다.

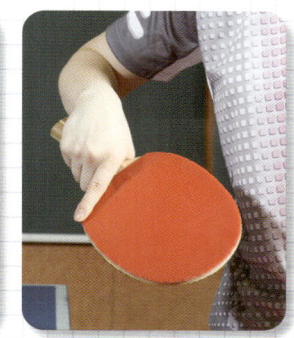

언더스핀을 걸 때
라켓을 뒤로 눕혀 타구한다.

언더스핀을 더욱 강하게 걸 때
일반적인 언더스핀을 걸 때보다 라켓을 더욱 눕혀서 타구한다.

④ 중심을 왼쪽으로 완전히 이동시키고 짧게 팔로스루한다.

리시브 종류와 특징

여러 가지 리시브를 익혀보자

리시브를 할 때는 가장 먼저 서비스에 대한 두려움을 없애야 한다. 또한 서비스 임팩트 시 상대방의 라켓 각도를 보고 리시브의 종류를 고려해야 하므로 상대의 손목을 끝까지 보는 것이 중요하다. 길게 하는 푸시, 짧게 놓는 스톱푸시, 플릭 이렇게 세 가지의 리시브를 살펴보자.

길게 하는 푸시 리시브

≫ 언더스핀으로 들어오는 경우

일반적으로 사용하는 백핸드 푸시 리시브를 소개하고자 한다. 상대방의 언더스핀 서비스에 대응하는 리시브로 공이 바운드된 직후 라켓을 눕혀 공의 밑면을 임팩트한다. 회전이 약할수록 라켓을 좀 더 세우고, 회전이 강할수록 눕혀준다.

회전이 약한 경우

> 적당한 타구 타이밍을 머릿속으로 생각하고 있어야 한다.

① 공을 주시하면서 팔꿈치를 들고 라켓을 몸 쪽으로 당겨 푸시할 준비를 한다. 바운드 직후 바로 타구해야 하므로 공이 떨어질 지점을 파악하여 오른발이 들어가 있어야 한다. 무릎은 약간 구부린다.

② 공이 떨어지는 지점까지 오른발이 들어간다. 오른쪽 무릎을 구부려 중심을 실은 상태에서 백스윙 없이 손목을 사용해 임팩트한다. 뒤로 당겼던 라켓을 공 밑으로 밀어주면서 공의 밑면을 짧게 친다.

> 오른쪽 무릎에 중심을 실은 상태에서 손목을 사용해 임팩트한다.

길게 하는 푸시 리시브는 주로 상대방의 서비스에 대한 예측이 망설여질 때 한다. 언더스핀 서비스와 푸시성 사이드스핀 서비스를 받을 때에는 상대의 회전을 이용해 리시브한다. 무회전 서비스인 경우에는 손목의 힘을 이용해 회전을 걸어 리시브한다. 이 경우 상대의 무회전 서비스에 후퇴회전이 걸리므로 상대가 처리하기 어렵다. 무회전 서비스를 푸시로 낮게 보내고 싶다면 라켓의 각도를 조금만 세워서 그대로 밀기만 하면 된다.

회전이 강한 경우

① 회전이 약한 경우와 기본적인 동작은 같다. 다만 라켓을 좀 더 눕힌다.

② 눕힌 라켓을 살짝 들어 상대의 회전을 이용해 타구한다.

오른발을 최대한 공 가까이로 움직이고 오른발에 중심을 실어 타구한다.

리시브 종류와 특징

▶▶ 사이드스핀으로 들어오는 경우

사이드스핀이 걸린 경우도 기본은 언더스핀의 경우와 같다. 회전이 걸려오는 방향을 잘 보고 그 반대 방향으로 스윙한다. 바운드되고 나면 회전에 의해 휘어 들어올 수 있으므로, 공이 향하는 곳을 잘 파악해야 한다. 사이드스핀이 걸려 들어오는 서비스는 회전하는 방향과 반대로 라켓의 각도를 만들고 공의 밑과 옆 사이를 밀어 타구한다.

좌회전이 걸린 경우

공을 잘 주시하여 회전 방향의 반대로 타구할 준비를 한다.

① 팔꿈치를 들어 라켓 면이 약간 바깥쪽을 향하게 하고 라켓의 끝이 아래를 향하게 한다.

② 공의 회전 방향과 반대로 공의 왼쪽 옆과 밑면 사이를 쓸면서 밀어준다. 스윙은 되도록 짧게 하고, 재빨리 준비자세로 돌아간다.

> **현정화 어드바이스**
>
> 길게 푸시를 하고 난 뒤에는 상대가 공격할 것에 대비해 디펜스 자세를 취하거나, 다시 맞푸시를 함으로써 다음 플레이를 이어나간다. 또는 상대가 푸시한 공을 이용해 공격에 들어가는 방법으로 대처할 수 있다.

우회전이 걸린 경우

공의 밑과 옆 사이를 타구한다.

① 팔꿈치를 든 상태에서 라켓 면이 안쪽을 향하게 한다. 팔은 거의 직각으로 구부리고 몸 쪽으로 붙여 타구할 준비를 한다.

② 그대로 공의 왼쪽 옆과 밑면 사이를 밀면서 타구한다. 스윙 후 재빨리 준비자세로 돌아온다.

짧게 놓는 스톱푸시 리시브

▶▶ 포핸드 스톱푸시

포어사이드로 짧게 들어온 서비스에 대응하는 리시브 기술이다. 짧은 공을 처리해야 하기 때문에 오른발을 공의 바운드 지점으로 최대한 깊숙이 가져가는 것이 중요하다. 자세를 낮추고 공의 움직임을 주시하자.

짧게 들어온 서비스를 리시브하므로 공의 바운드 지점까지 오른발을 깊숙이 위치시킨다.

① 상체를 숙여 오른팔로 공의 옆부분부터 밑부분을 푸시할 준비를 한다.

스톱 리시브에 대한 개괄적인 설명

주로 짧게 들어온 언더스핀과 푸시성 사이드스핀, 그리고 푸시성 YG 서비스에 대한 리시브로 사용된다. 상대의 기선을 제압하기 위한 빠른 박자의 스톱 리시브와, 짧게 놓는 것만을 목적으로 하는 스톱 리시브 두 가지로 구분된다.

빠른 박자로 스톱 리시브할 때는 상대 서비스의 회전에 확신이 있을 때에만 해야 한다. 왜냐하면 잘못 판단할 경우 상대에게 찬스를 제공할 수 있기 때문이다. 빠른 박자로 스톱 리시브가 짧게 잘 들어가면 선제 공격을 잡을 수 있기 때문에 선수들은 빠른 박자의 스톱 리시브를 많이 선호한다.

리시브의 판단이 흐릴 때는 상대에게 강한 공격권을 제공하지 않기 위해 짧게 놓는 스톱 리시브를 한다. 주로 테이블 위의 미들 라인 근처로 스톱 리시브한다. 포어사이드와 백사이드로 놓기도 하지만 미들에서 플릭을 하는 것이 상대적으로 까다롭기 때문에 미들로 짧은 스톱 리시브를 많이 하는 것이다.

빠른 박자 스톱푸시 리시브

빠른 박자의 스톱 리시브는 말 그대로 짧게 놓는 스톱 리시브를 빠른 박자로 실행하는 기술이다. 상대의 회전을 이용해서 라켓을 공에 살짝 대는 느낌으로 한다.

1. 공이 떨어지는 지점으로 오른발을 최대한 가까이 가져간다.
2. 오른발에 중심을 실은 상태에서 라켓 핸드와 몸을 최대한 가까이 한 상태에서 타구한다.
3. 팔을 조금 들고 팔꿈치는 다 펴지 않은 상태에서 빠른 박자로 상대의 네트 앞에 짧게 놓는다.

❷ 라켓을 든 팔을 그대로 몸 쪽으로 약간 가져오면서 손목 스냅을 이용해 공의 옆에서 밑부분을 짧게 푸시한다. 상대방의 네트 쪽으로 짧게 놓는 것을 목적으로 한다.

리시브 종류와 특징

〉〉백핸드 스톱푸시

백사이드로 짧게 들어온 서비스에 대응하는 리시브 기술이다. 기본적인 자세는 포핸드 스톱푸시와 동일하되, 라켓의 방향과 팔의 스윙 각도가 몸 안쪽에서 바깥쪽으로 나간다는 점이 다르다.

오른발을 테이블 안쪽으로 최대한 깊숙이 가져간다.

① 오른발에 중심을 실은 상태에서 라켓 핸드와 몸을 가깝게 붙여 준비자세를 취한다.

상대의 네트 앞에 짧게 놓는다.

② 공이 바운드되고 정점에 이르기 전, 팔은 약간 든 상태에서 팔꿈치를 다 펴지 않고 빠른 박자로 짧게 타구한다.

> **플릭 리시브**

하회전이 많이 걸린 서비스를 제외한 모든 서비스를 플릭으로 리시브할 수 있다. 이때는 회전의 종류에 따라 라켓의 각도에 변화를 주며 플릭을 해야 한다. 사이드스핀 서비스와 YG 서비스가 짧게 들어올 때에는 공이 바운드된 후 정점에 이르는 순간 임팩트한다.
타구 시에는 라켓의 세운 상태에서 손목을 앞으로 뻗는다는 느낌으로 공의 뒷부분을 자신 있게 친다. 푸시성이 있는 사이드스핀 서비스나 YG 서비스일 경우에는 회전이 되고 있는 반대쪽 방향으로 공의 밑과 옆 사이를 치면 된다.

》》포핸드 플릭

① 라켓을 든 쪽의 팔과 발을 테이블 안쪽 깊숙이 가져간다. 이때, 팔을 발보다 더 앞쪽으로 뻗어준다. 중심을 잃지 않도록 주의한다.

오른발을 좀 더 안쪽으로 가져가 반동을 충분히 이용한다.

임팩트를 할 때 손목을 이용해 공의 측면과 밑면 사이를 살짝 문질러 친다.

② 바운드된 공이 정점에 이를 때 타구한다. 라켓과 공의 접촉면은 최대한 넓어야 한다. 라켓을 든 팔은 그대로 공 쪽으로 뻗는다.

③ 손목을 순간적으로 이용해 짧고 간결하게 타구한다.

리시브 종류와 특징

▶▶ 백핸드 플릭

포핸드 플릭과 같은 방법으로 짧게 들어온 공을 백핸드로 넘기는 기술이다. 짧은 공을 선제하여 다음 공격으로 연결시키기 좋다. 라켓을 아래에서 위로 올리면서 임팩트한다.

오른발을 테이블 안으로 가져가면서 팔꿈치를 들고 치기 전에 라켓 끝을 조금 내린다.

① 오른발을 테이블 안으로 가져가면서 팔꿈치를 들고 쇼트를 할 때보다 라켓의 끝을 조금 내린다. 라켓을 몸 앞쪽에 두고 공을 주시하면서 타구할 준비를 갖춘다.

② 공이 정점에 있다고 생각될 때 라켓 면과 공의 접촉면을 많게 하여 받는다. 포핸드와 마찬가지로 임팩트 순간 손목을 사용해 라켓을 틀어 올림으로써 공에 위력을 더한다. 공의 뒷부분을 쓸어주듯 타구한다.

짧은 공을 플릭해야 하므로 팔꿈치를 들어 테이블 안쪽으로 라켓을 깊숙이 위치시킨다.

우리나라 탁구의 도입과 변천 Ⅱ

우리나라가 국제탁구대회에 처음 출전한 것은 1952년 11월 싱가폴에서 열린 제1회 아시아 선수권대회이다. 그리고 1954년 싱가폴에서 개최된 제4회 아시아탁구선수권대회에서 이경호, 위쌍숙 선수가 혼합복식 종목을 석권하여 평화배를 차지한 것이 국제대회에서의 첫 우승이다. 세계 무대에 첫 선을 보인 것은 1956년 동경에서 열린 제23회 세계탁구선수권대회(이하 세계대회)로써 여자단체 5위, 남자단체 14위 전적을 거두는 데 그쳤다.

한국 탁구가 탁구 강국으로 부상한 것은 1959년 도르트문트에서의 제25회 세계대회 여자단체전에서 준우승의 전과를 올리면서부터이다. 이후부터 정상 정복의 가능성을 보여오던 한국 탁구는 13년 후 마침내 그 숙원을 실현했다. 1973년 4월, 59개국이 출전한 제32회 세계대회에서 여자단체전을 제패하는 일대 개가를 울린 것이다. 우리나라 구기 종목 사상 전인미답의 첫 쾌거를 거두며 한국 탁구의 화려한 개화 시대를 열었던 주역은 이에리사, 정현숙, 박미라 트리오였다.

그리고 이들이 은퇴한 70년대 후반부터 80년대 초반까지 한동안 스타 부재의 공백기를 맞았던 한국 탁구는 환상의 콤비 양영자, 현정화의 등장과 유남규의 출현으로 86아시안게임, 88서울올림픽에서 세계 최강 중국과 대등한 경기를 펼쳐 여러 종목에서 금메달을 획득하며 한국 탁구의 전성기를 열었다.

1991년에는 우리나라 스포츠 사상 처음으로 남북 단일팀으로 탁구 대표팀을 결성하여 일본 지바에서 열린 제41회 세계대회에 출전하였다. 그리고 막강 상대인 중국을 격파하여 여자단체 우승을 거둠으로써 국위선양의 선두주자로 명예를 드높였다.

그러나 90년대 후반부터 스타들의 전력도 쇠퇴하고, 복합적인 문제 등으로 인해 한국 탁구는 침체 국면에 접어들고 있는 것이 현실이다. 해방 이전부터 갖가지 풍상을 겪는 어려운 여건 속에서도 오직 불구의 정신과 피땀 어린 노력으로 한국 탁구의 터전을 일구어왔던 선배들의 족적을 되돌아보면서, 오늘의 탁구인들이 '우리는 어떻게 할 것인가'를 자문해 보아야 할 시점이다.

※ 자료 : 대한탁구협회 공식 홈페이지

PART 04
실전 기술 강화를 위한 훈련법

실전에 대비하여 갖추어야 할 사항

뭐니뭐니해도 탁구의 즐거움은 실전에서의 짜릿함이라고 할 수 있다. 아무리 많은 기술을 익히고 고된 훈련을 했을지라도, 실전에서 제대로 실력을 발휘하지 못한다면 그것처럼 안타깝고 실망스러운 일도 없을 것이다. 연습 경기와 실전에서의 플레이는 긴장감과 집중도 등 여러 면에서 차이가 있다. 지금부터 실전에서 보다 나은 플레이를 하는 데 도움을 주는 훈련법을 알아보자.

불안감 해소를 위한 훈련

때로는 유명한 선수들도 막상 경기장에서 자신의 실력을 제대로 발휘하지 못하고 경기에 패하는 경우가 종종 있다. 원인은 지나친 긴장과 불안감 때문이다. 그렇다면, 긴장을 가라앉히고 불안감을 없애기 위한 해결법을 살펴보자. 평소 연습할 때 실시하는 방법과 실제 경기장에서 불안을 가라앉히기 위한 방법으로 나누어 볼 수 있다.

》평소 연습할 때

1. 공과 파트너의 라켓만 보며 연습한다. 이것은 몰입도에 관한 이야기이다. 옆 테이블에서 연습하는 사람조차 의식하지 못할 만큼 평소 연습 시에는 공에만 집중해야 한다.
2. 약간의 긴장감을 가지고 연습에 임한다. "연습은 시합처럼, 시합은 연습처럼"이라는 말이 있다. 평상시 연습을 할 때 주의력 없이 함부로 공을 치거나, 가볍게 생각해 찬스공을 내주는 등의 과실을 줄여야 한다.
3. 비록 연습일지라도 상대를 이긴다는 목적으로 훈련에 임한다. 결국은 시합의 승리를 위해 연습을 하는 것이므로 평소 훈련할 때에도 파트너보다 득점 확률을 높일 수 있는 플레이를 연구한다.

》실제 경기를 할 때

1. 가볍게 뛰거나 많이 움직인다. 경기장에서는 수많은 관중이 나만을 보고 있는 듯한 느낌 때문에 긴장이 되어 몸이 굳어지기 쉽다. 이로 인해 다리가 뻣뻣해지고 중심이 높아져 행동 반경이 좁아지게 된다. 이때 몸을 많이 움직여주면 적절한 워밍업이 되면서 긴장이 서서히 가라앉는다.
2. 득점을 할 때마다 기합 소리를 낸다. 이것은 스스로에게 자신감을 불어넣어 줄 뿐만 아니라, 상대의 기를 제압하는 효과도 발휘한다.
3. 연습 스윙을 휘두른다. 긴장을 하면 다리뿐만 아니라 팔과 어깨가 뻣뻣해져 강약을 조절하는 능력이 떨어진다. 이때 스윙을 하면 어깨 근육이 이완되면서 불필요한 힘이 자연스럽게 빠지게 되어 스윙 스피드를 높여주고, 보다 정확하게 공을 제어하는 데 도움이 된다.

정확한 기술 구사를 위한 훈련

공이 오는 것을 보고 난 후에야 판단을 하고 대응하려고 하면 이미 상대의 페이스에 밀렸다고 볼 수 있다. 좋은 플레이를 펼치려면 마치 자동문 앞에 섰을 때 센서가 작동해 자동으로 문이 열리듯이, 상대의 움직임과 기술을 보며 즉각적으로 대응 기술을 연결시키고 코스의 선택이 나와야 한다. 이때 반복적인 기술의 연습은 자신의 실력을 향상시키고 자신감을 높여준다. 어떠한 상황에서도 적재적소의 기술과 자세가 흔들림이 없이 나올 수 있도록 연습하는 것만이 진정으로 실력을 향상시키는 길이다. 그리고 그로써 경기장에서 자신감을 가지고 시합에 임할 수 있다.

》》 시스템의 반복 훈련

1. 자신이 가지고 있는 기술들을 정확하게 구사하기 위해서는 오랜 시간에 걸친 단순·반복적인 연습이 필요하다.
2. 동작이 능숙해지고 스윙 스피드가 생겼다면 공을 정확히 보내는 훈련이 필요하다. 백사이드와 포어사이드, 그리고 미들로 보낼 때의 자세와 스윙이 각각 다르다는 점을 유의하면서, 각 특징을 몸에 익혀 공을 자유자재로 보내는 연습을 한다.
3. 서브부터 시작하는 3구5구 득점 시스템과 리시브에서 4구6구로 이어지는 득점 시스템을 단순·반복적으로 외우면서 연습한다.
4. 탁구 경기는 꼭 강한 톱스핀이나 강력한 스매시만으로 득점하는 것이 아니다. 보이지 않는 작은 기술들을 감각적으로 구사할 줄 아는 세밀한 능력이 필요하다. 서브와 리시브에 자신감이 있다면 경기장에서 상대를 제압하는 것이 한결 수월할 것이다. 그리고 짧고 낮게 보내는 푸시는 공격을 시도하는 상대의 범실을 유발하고 스코어를 유리하게 만들 것이다. 이렇듯 보이지 않는 작은 기술에 대한 감각적인 훈련은 실전에서 실력을 더욱 돋보이게 만든다.

시합을 주도하기 위한 훈련

시합을 주도하는 플레이로 상대를 이기기 위해서는 다음과 같은 사항을 유념하며 연습과 실전에 임해야 한다.

≫ 다양한 플레이 스타일에 대응하는 능력을 쌓는다

탁구에는 여러 가지 전형이 있으며 전형에 따라서 구질과 박자가 모두 다르다. 또한 전형이 같다고 해도 경기하는 스타일이 다르면 박자 또한 달라진다. 그러므로 다양한 전형, 다양한 사람들과의 연습을 통해 불규칙적인 박자, 여러 전형의 구질, 변화하는 코스에 대한 적응 능력을 길러야 한다.

≫ 주 득점원을 만든다

탁구의 여러 득점원 중에서 가장 자신 있는 기술을 가지고 있으면 경기를 할 때 자신감이 생긴다. 서비스에 자신이 있으면 상대에게 두려움을 주면서 3구째 찬스를 많이 만들 수 있으므로 자연히 득점할 확률이 높아진다. 주 득점 기술은 대개 톱스핀이나 스매시와 같은 공격적인 기술로 만든다. 톱스핀이나 스매시는 파워로써 상대방을 주눅 들게 만드는 기술이므로 공의 위력을 실어 공격하는 것이 무엇보다 중요하다.

탁구에서의 파워는 스윙의 스피드와 허리의 탄력, 그리고 손목 스냅을 임팩트 시 얼마만큼 동시에 사용하느냐에 좌우된다. 그 방법을 익힌다면 공격의 자신감을 가질 수 있을 것이다. 서비스에 이은 포핸드 톱스핀, 백핸드 톱스핀, 스매시 중에서 주 득점원을 만드는 것이 좋다.

≫ 상대의 습관적인 공격 코스와 장점을 빨리 파악한다

모든 사람들은 습관적으로 공을 치고 움직인다. 그리고 여러 가지 구질 중에서도 자신이 가장 선호하고 자신 있어 하는 공이 있기 마련이다. 코스 또한 마찬가지이다. 크로스를 잘 치는 사람이 있는가하면 스트레이트를 잘 치는 사람이 있다.

이러한 습성을 빨리 파악한다면 경기에서 보다 유리한 플레이를 펼칠 수 있다. 상대방이 좋아하는 여러 가지 구질과 습관적으로 치는 코스, 서비스의 패턴 등을 재빨리 파악하고 적절히 대응함으로써 경기를 쉽게 풀어나갈 수 있다.

≫ 상대의 약점을 빨리 간파한다

세계를 제패한 선수라고 하더라도 미숙한 기술 혹은 취약한 코스를 가지고 있다. 상대의 약점을 재빨리 간파해 그 부분을 집중 공략하는 플레이를 펼친다면 상대보다 실력이 부족할지라도 승산이 있다.

짧은 공에는 강하지만 긴 공에 약한 선수, 강한 공격력이 있지만 수비가 약한 선수, 파워는 있지만 스피드가 부족한 선수, 포핸드는 강하지만 백핸드가 취약한 선수, 양 사이드의 활동 폭이 넓지만 몸 쪽 공을 어려워하는 선수…… 이렇듯 강한 상대에게도 어딘가 취약한 부분이 분명 있을 것이다. 그러한 상대의 약점을 빨리 찾아내어 그 부분을 집중 공략한다면 까다로운 상대라 할지라도 무너뜨릴 수 있을 것이다.

≫ 공격적인 플레이를 정확하게 구사한다

탁구에서의 승부는, 무엇보다 상대보다 실수를 적게 하고 정확한 공격력을 구사하는 데 달려 있다. 그리고 이를 위해서는 상대의 공을 잘 판단해 기술의 강약을 조절해야 하고, 기술의 정확성이 90%를 넘어야 한다.

공격적이고 강한 힘이 실린 플레이를 구사하지만 정확성이 떨어지는 선수보다는, 어떤 공일지라도 꾸준히 정확한 공을 보내는 선수가 상대에 훨씬 큰 위협을 준다. 공의 강도가 상대를 위협하는 것이 아니라 정확하고 지구력이 있는 플레이가 상대를 위축시키는 것이다.

≫ 습관적인 코스로 공을 치지 않도록 최대한 노력한다

상대도 나의 장점을 파악하고 있다. 중요한 스코어에서는 자신이 잘 보내지 않던 코스로 공격 방향을 바꾸는 것이 좋다. 서비스도 한 가지 정도는 비장의 무기를 감추어 놓았다가 마지막 포인트쯤에서 사용한다면 승리를 결정짓는 역할을 할 것이다.

3구에서 득점을 성공시킨다

누구나 득점을 성공시키기 위한 다양한 전략을 생각하고 상대의 실수를 끌어내려고 노력하지만, 상대 실력이 높을수록 실수를 기대하기 어려운 것이 현실이다. 결국 자신의 공격력으로 승부해야 하는 것이다.

서비스의 여러 가지 구질과 코스, 그리고 스피드 등을 이용하여 상대 리시브에서 찬스를 끌어낸 후 3구에서 득점을 성공시켜보자. 서비스 구질이 좋거나 다양한 서비스를 능숙하게 구사하는 선수일수록 3구째의 공격이 유리하다.

> 3구의 공격은 가장 기본이 되는 공격 득점 방법이다. 서비스권을 최대한 이용하여 상대의 리시브를 교란시킨 다음, 강한 톱스핀이나 스매시 공격을 가해 득점으로 연결한다. 서비스를 넣을 때부터 상대가 리시브할 코스를 미리 예측하고 기다리는 것이 3구째 공격을 성공시키는 중요한 열쇠이다.

포어사이드에서의 3구 공격법

3구를 바로 득점으로 연결시키기 위해서는 서비스 코스와 반대 방향으로 넣는 것이 좋다. 상대를 조금이라도 더 많이 움직이게 만들어야 상대의 수비를 흔들 수 있기 때문이다. 3구의 박자를 빠르게 가져감으로써 상대가 디펜스 자세를 채 갖추기 전에 공격을 성공시킨다. 백사이드로 공격하건 포어사이드로 공격하건, 크로스로 공격을 할 때는 가능한 한 코너 깊숙이 공격을 해야 득점할 확률이 높아진다.

공격법 1

①상대의 백사이드로 포핸드 서비스를 넣었을 때 ②상대가 포어사이드로 길게 푸시 리시브한다면, ③포어사이드로 이동하면서 타점을 높게 잡아 빠른 박자의 포핸드 톱스핀을 크로스로 깊게 구사하여 득점으로 연결한다.

공격법 2

같은 시스템에서 코스만 바꿔 백사이드로 톱스핀 공격을 하여 득점으로 연결한다.

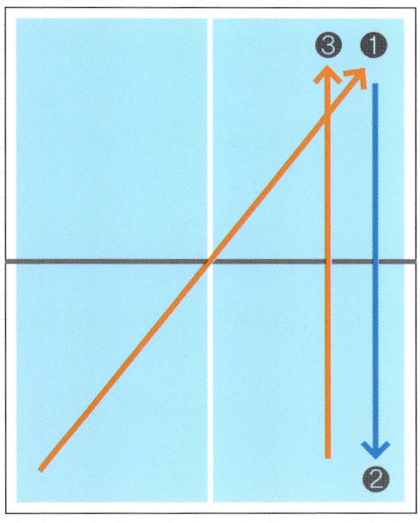

공격법 3

제일 좋은 코스 공략은 내가 어느 자리에서 공격을 하든지에 상관없이 상대의 몸 쪽을 집중 공략하는 것이다. 상대의 움직임을 주시하며 미들로 공격한다.

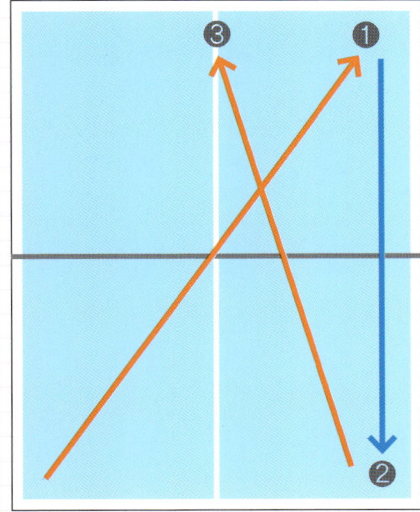

백사이드에서의 3구 공격법

백사이드에서 포핸드 톱스핀이나 스매시를 이용해 세 가지 코스로 3구 공격을 한다.

공격법 1

①백핸드 서비스를 포어사이드로 짧게 넣고 ②백사이드로 리시브하는 공을 기다렸다가 ③빠른 박자로 백핸드 스윙을 크로스로 힘차게 한다.

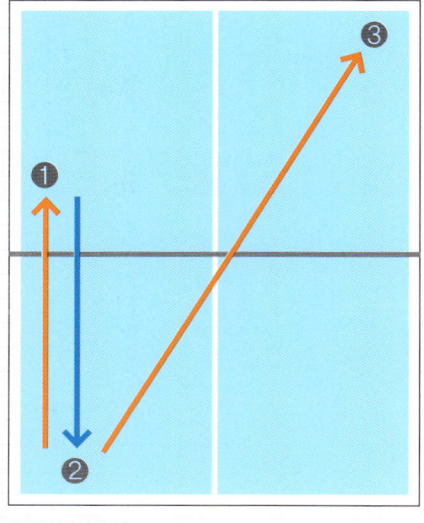

공격법 2

①포핸드 서비스를 미들로 짧게 넣고 테이블 안쪽으로 들어가서 양 사이드를 모두 지키고 있으면 ②상대는 백사이드로 리시브한다. 이 공은 스트레이트로 백핸드 톱스핀을 걸기 수월하므로 ③포어사이드로 보내 득점으로 연결한다.

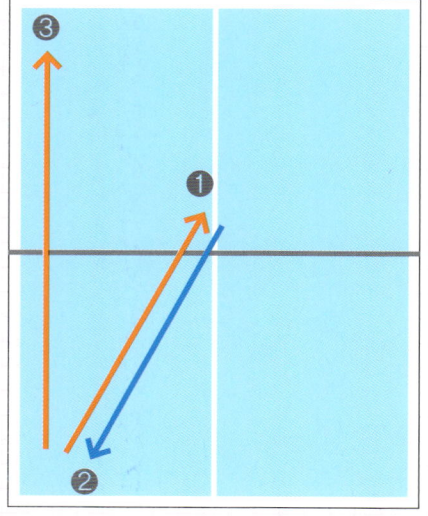

백사이드에서 3구 공격 시 발의 위치

서비스를 넣고 난 뒤 테이블을 감싸는 느낌으로 왼발을 움직이고 오른발은 자연스럽게 왼발을 따라간다. 백사이드, 포어사이드, 미들 세 코스로 공격할 때마다 왼발로 테이블을 감싸는 느낌이 아래와 같이 조금씩 다르다(단, 공의 위치와 보내는 코스에 따라 약간의 유동성은 있다).

▶▶ 백사이드(크로스)로 공격 시

백사이드를 공격하기 위해서는 왼발을 테이블 안쪽으로 깊숙이 가져가면서 자연스럽게 몸의 방향도 백사이드로 많이 돌린 자세에서 타구해야 한다.

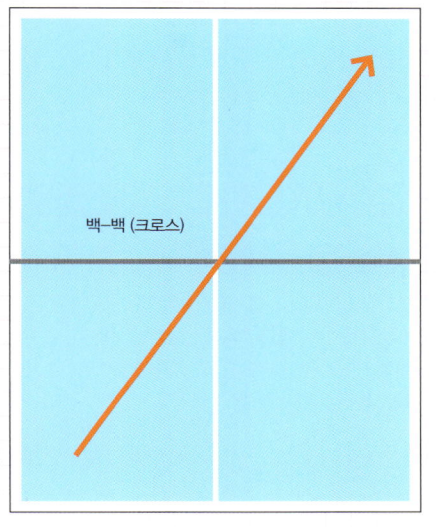

▶▶ 포어사이드로 공격 시

몸은 거의 상대의 포어사이드를 향한 상태에서 두 발이 테이블과 수평이 되도록 선다.

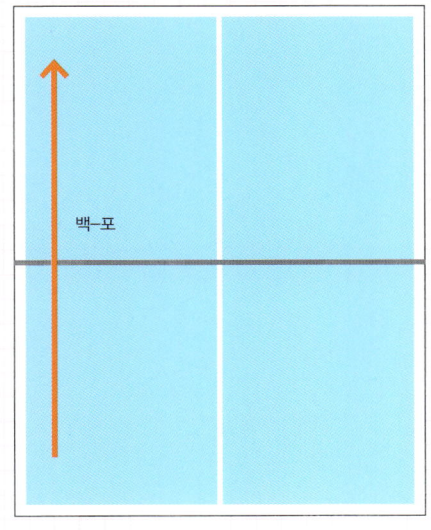

▶▶ 미들로 공격 시

백사이드로 보낼 때와는 약간 다른 스탠스를 유지해야 한다. 왼발이 완전히 들어가지 않고 오른발보다 조금 앞쪽으로 놓은 상황에서 타구하는 것이 좋다.

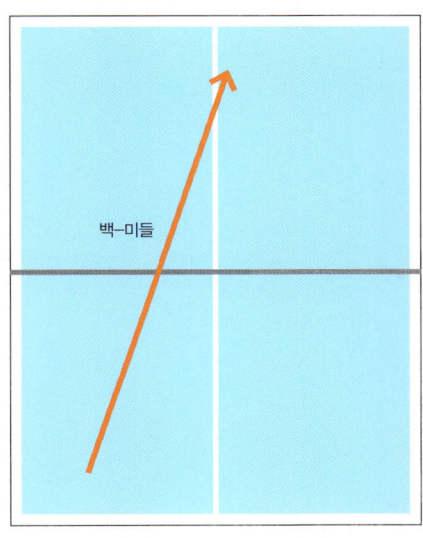

톱스핀으로 3구 공격 후 톱스핀 연속 공격

톱스핀으로 3구 공격을 하고 난 다음, 다시 톱스핀으로 연속 공격을 한다는 것은 움직임이 좋아야만 할 수 있는 어려운 기술이다. 빠른 풋워크와 공의 강약 조절 능력, 거리 측정 능력 등이 요구된다. 그만큼 힘든 기술이지만 일단 잘 익혀두면 실전에서 유용하게 쓸 수 있으므로 실력을 한 단계 올리는 데 많은 도움이 될 것이다.

톱스핀 이후의 공격법

공격법 1

①백사이드에서 백사이드로 포핸드 톱스핀을 걸고 난 뒤 ②상대가 스트레이트로 쇼트를 대면 ③포어사이드로 재빨리 이동해 스트레이트로 톱스핀을 건다.

공격법 2

①백사이드에서 백사이드로 포핸드 톱스핀을 걸고 난 뒤 ②상대가 다시 백사이드로 쇼트를 대면 ③돌아서면서 톱스핀을 건다.

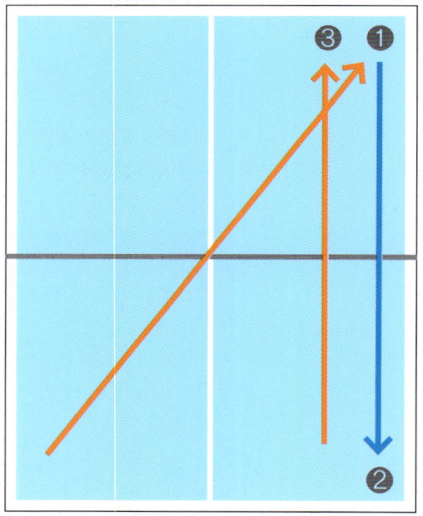

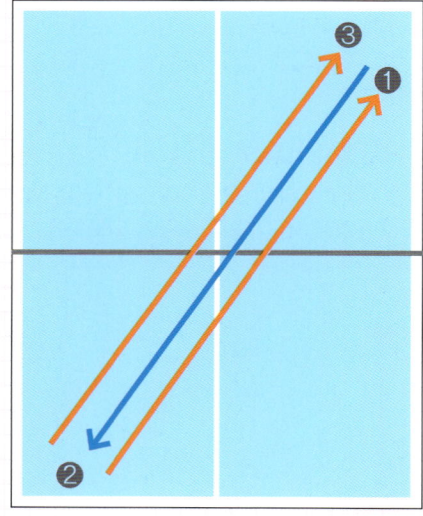

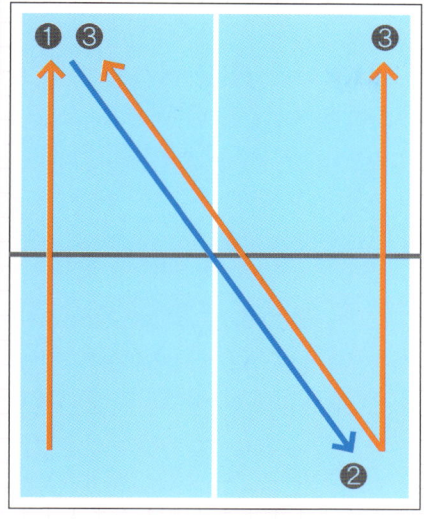

상대 (쇼트)

공격자

> **공격법 3**
>
> ①백사이드에서 포어사이드로 톱스핀을 걸고 난 뒤 ②상대가 포어사이드로 쇼트를 대면 ③포어사이드로 재빨리 이동하면서 크로스 또는 스트레이트로 톱스핀을 건다.

현정화 어드바이스

- 백사이드에서 톱스핀을 걸고 난 뒤 포어사이드로 이동하는 상황이 많다. 이때 되도록이면 정확한 풋워크로 이동하면서 포핸드 톱스핀을 구사해야 한다.
- 백사이드에서 톱스핀 후 다시 백사이드로 공이 오면, 백사이드로 더 깊이 돌아서서 톱스핀을 건다.
- 백사이드에서 백사이드로 톱스핀 후 상대의 쇼트가 스트레이트로 빠르게 왔을 때나, 백사이드에서 포어사이드로 톱스핀 한 공을 상대가 포어사이드로 깊게 블로킹했을 때는 정상적인 풋워크가 이루어지지 않는다. 이때는 사진과 같이 왼발이 한 번 더 움직이면서 따라가는 듯한 상황에서 톱스핀이 구사되어야 한다.

정면

옆면

포핸드 공격력을 강화한다

포핸드 공격력의 강화는 곧 득점력의 향상을 뜻하므로 시합을 이기는 데 직접적인 영향을 미친다. 포핸드 공격력을 강화하기 위해서는 기본적으로 갖추어야 하는 것들이 있다. 풋워크, 스윙 스피드, 그리고 푸시공을 스매시나 톱스핀으로 처리하는 능력의 강화가 바로 그것이다.

풋워크 강화

움직임이 민첩하지 않으면 찬스공이 나와도 적절한 타구점을 놓쳐 버리기 때문에 좋은 공격을 펼칠 수 없다. 풋워크의 강화를 위해서는 반복적인 동작 연습과 함께 범위를 넓이는 훈련을 병행해야 한다.

≫ 훈련 방법

처음에는 백사이드와 미들에서 상대의 백사이드로 각각 한 번씩 치는 것을 반복한다. 이것이 익숙해지면 공의 파워와 스피드를 점점 높이며 반복 연습한다. 백사이드, 미들, 포어사이드로 각각 한 번씩 치고 백사이드로 돌아올 때도 다시 미들, 백사이드로 움직이며 반복적으로 친다. 점점 움직임의 범위를 넓혀서 백사이드에서 치고 난 뒤 포어사이드까지 이동해서 치는 것을 반복하면서 풋워크의 범위를 넓힌다. 규칙적인 풋워크에 익숙해지면 불규칙적으로 온 공에 대해 움직이면서 치는 훈련을 한다. 처음에는 이동 범위를 미들을 중심으로 좁게 시작하고 익숙해지면 전체를 움직이며 친다.

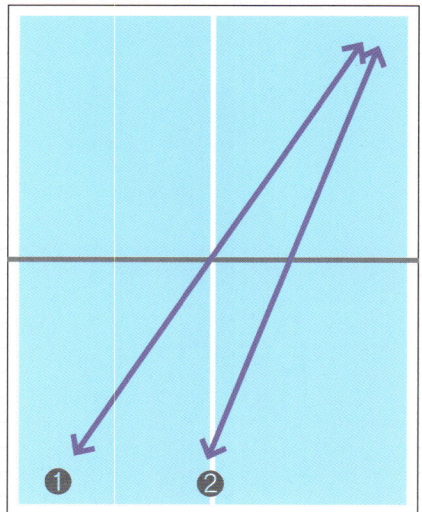

연습 상대 (쇼트)

연습 선수 (풋워크)

연습법 1

연습 상대가 백사이드와 미들로 번갈아 쇼트를 넣어주면, 풋워크로 이동하며 상대의 백사이드로 포핸드를 치는 것을 반복한다. 익숙해지면 공의 파워와 스피드를 높이며 반복한다.

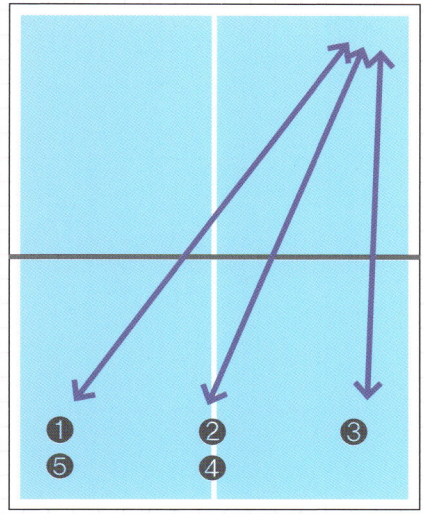

연습법 2

백사이드 → 미들 → 포어사이드에서 각각 한 번씩 치고 다시 미들 → 백사이드로 움직이며 반복하여 친다.

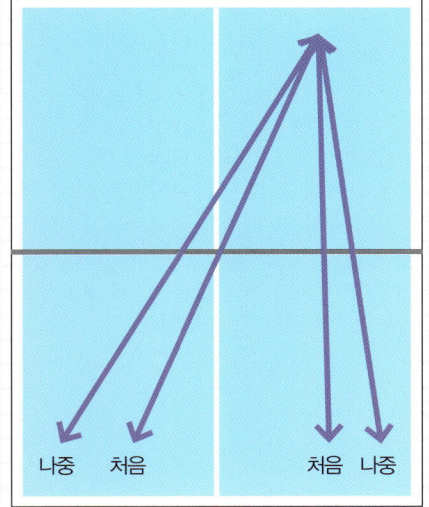

연습법 3

점점 움직임의 범위를 넓혀서 백사이드에서 치고 난 뒤 포어사이드까지 이동해서 치는 것을 반복하면서 풋워크의 범위를 넓힌다.

규칙적인 풋워크에 익숙해지면, 불규칙하게 들어오는 공을 움직이면서 치는 훈련을 한다. 처음에는 이동 범위를 미들을 중심으로 좁게 시작하고 익숙해지면 전체를 움직이면서 치는 훈련을 한다.

포핸드 공격 훈련법

> **연습법 4**

백사이드에서 치고 포어사이드로 범위를 넓히면서 구력의 강약을 조절해 타구함으로써 풋워크 범위와 지구력을 기르는 훈련을 병행한다. 한 사이드에서는 공의 강도를 약하게 하고 나머지 사이드에서는 공의 강도를 강하게 하는 방법으로 타구한다. 익숙해지면 처음보다 강도를 높여준다.

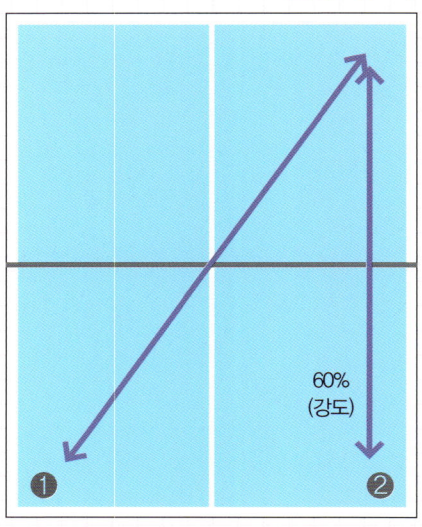

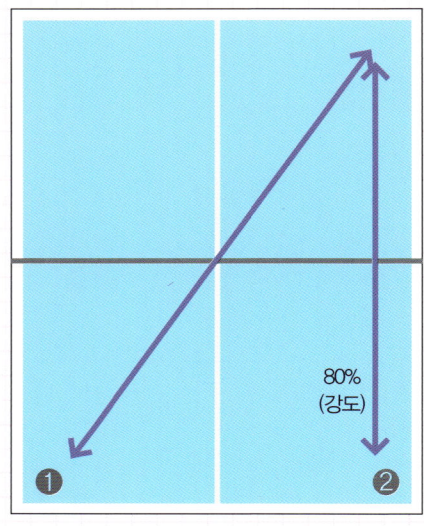

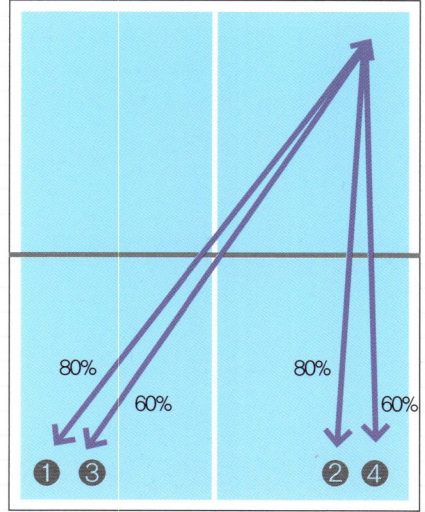

난이도를 높여, 양 사이드에서 각각 한 번씩 강하게 치고 그 다음 한 번은 약하게 치는 방법으로 타구한다. 익숙해지면 강하게 타구하는 빈도를 늘이고 약하게 타구하는 것은 한 번으로 하여 포핸드 공격력과 풋워크 능력을 동시에 향상시킨다.

스윙 스피드의 강화

스윙의 스피드가 높을수록 공의 위력 또한 높아지며, 이는 곧 득점력의 향상을 의미한다. 반복적인 공격 훈련을 통해 강력한 스윙을 할 수 있도록 연습한다.

≫ 훈련 방법

한 가지 공격을 정한 다음, 백사이드에서 상대의 백사이드로 강도 높은 공격을 반복해서 가한다. 파트너는 계속해서 백사이드로 쇼트를 보내준다. 이때 연습자는 테이블에서 한 발 정도 떨어져서 타구한다. 특정한 사이드에서 강한 톱스핀이나 스매시를 반복 연습하면 포핸드 공격력을 효과적으로 강화할 수 있다.

이 훈련은 스윙 스피드를 월등히 향상시키고 공격의 지구력을 강화한다.

현정화 어드바이스

한 사이드에서의 포핸드 강화 훈련은 득점하는 실력을 쌓을 뿐만 아니라 타점에 대한 감각을 익힐 수 있는 좋은 훈련 방법이다.

초보자의 경우 어느 한 사이드에서 공격을 하다 보면 자신도 모르게 박자가 빨라지게 될 것이다. 그러나 반복적이고 강한 타구를 할수록 다리 중심을 낮추면서 잠시 공을 기다려 힘을 축적시켜야 한다. 그때가 가장 많은 힘을 전달할 수 있는 순간(타점)이 된다. 한 사이드에서의 포핸드 강화 훈련을 통해 최적의 타점을 찾는 훈련을 하자.

포핸드 공격 훈련법

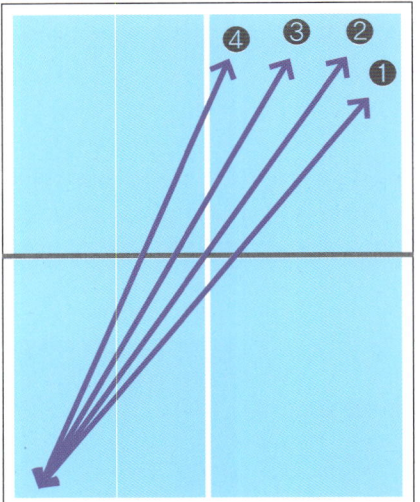

연습법 1

한 사이드 안에서 타구 목표점을 다양하게 설정하여 공격할 수 있다. 백사이드 내에서 여러 송구점을 이용한 훈련을 해보자.

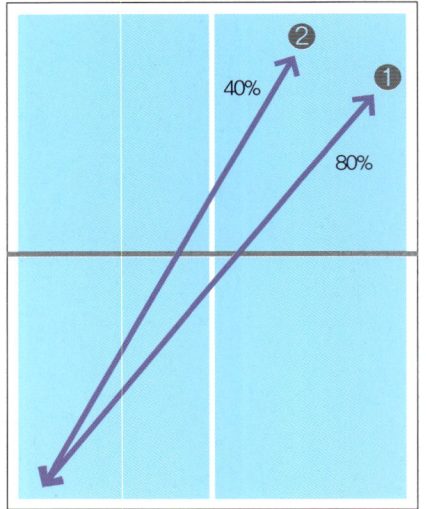

연습법 2

공격의 강도를 조절하는 훈련을 통해 리듬감을 이용한 득점 방법을 터득할 수 있다.

푸시공에 대응하여 득점하는 훈련법

백사이드로 들어오는 무거운 푸시공에 대응하여, 자세를 돌아서면서 톱스핀이나 스매시로 반격하는 훈련을 통해 공격의 자신감을 키운다.

▶▶ 훈련 방법

파트너가 옆에 볼 박스를 놓고 백사이드로 푸시공을 계속해서 보낸다. 연습자는 자세를 돌아서면서 톱스핀이나 스매시 공격을 반복한다. 하루 30분 이상 이러한 푸시 스트로크 훈련을 하면서 톱스핀과 스매시 기술을 다양하게 구사해본다.

이 훈련은 푸시공에 대응하는 능력뿐만 아니라, 공격의 정확도와 파워도 함께 향상시킨다.

백핸드 수비력을 강화한다

공격을 잘하는 선수와 수비를 잘하는 선수를 비교할 때, 경기 시 더 강한 압박이 느껴지는 선수는 수비가 좋은 선수이다. 좋은 수비는 한 번의 성공적인 공격 이상의 큰 효과를 내므로, 다음에 나오는 연습법을 통해 수비력을 강화해보자.

백핸드 수비력과 쇼트의 강화

쇼트나 백핸드 수비에서 중점적으로 생각해야 할 첫 번째는 상대가 타구하는 코스를 몸으로 막아서서 지켜야 한다는 것이며, 두 번째는 상대가 친 공의 속도를 이용해서 각도를 잘 조절해야 한다는 점이다. 이를 잘 고려하여 수비하면 상대의 공을 쉽게 받아낼 뿐만 아니라 역습의 기회도 만들 수 있다.

》훈련 방법 1

쇼트나 백핸드로 수비할 때에는 테이블에서 약간 떨어져 강한 공을 받을 수 있는 거리를 확보해야 한다. 또한 상대가 친 공을 급하게 막아내야 하는 상황일지라도, 라켓만으로 막아내는 것이 아닌 몸으로 막아서는 느낌으로 수비해야 한다.
가능한 한 라켓의 접촉면을 많게 해야 공을 받기 쉬우므로 받는 순간 라켓에 힘을 과하게 주지 않아야 한다. 힘을 주면 라켓이 앞쪽으로 기울어져 공을 받는 면이 적어지기 때문이다.

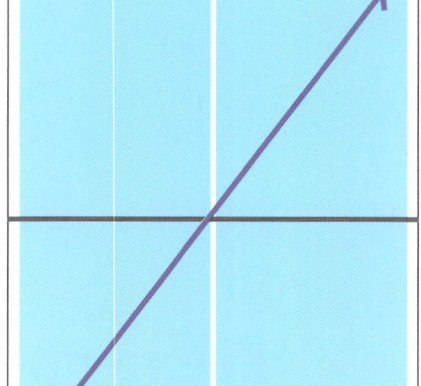

연습 상대

연습 선수 (쇼트)

연습법 1

상대가 백사이드에서 크로스로 공격을 하고 연습자는 쇼트로만 받는 훈련을 한다. 처음에는 약한 공을 받다가 강도를 점점 높여서 강한 공을 받는다.

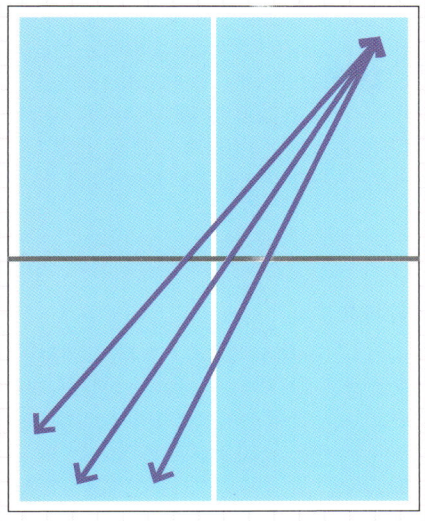

연습법 2
익숙해지면 상대는 백사이드 전체로 범위를 넓혀 공을 보내고, 연습자는 움직이면서 받아내는 훈련을 한다.

연습법 3
상대가 백사이드에서 크로스로 보낸 공을 백핸드로 받을 때에는 몸이 상대 코스의 백사이드를 향해 서야 하므로 왼발을 테이블 안쪽으로 들여 선다.

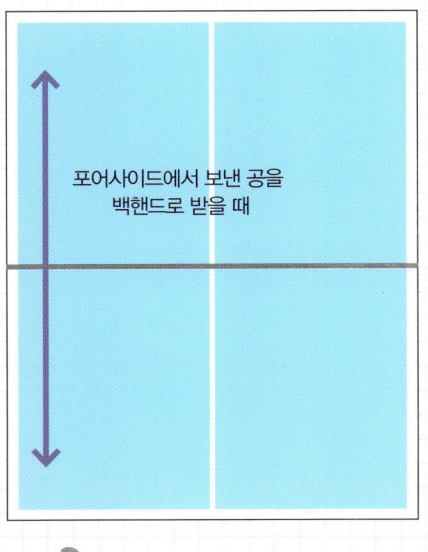

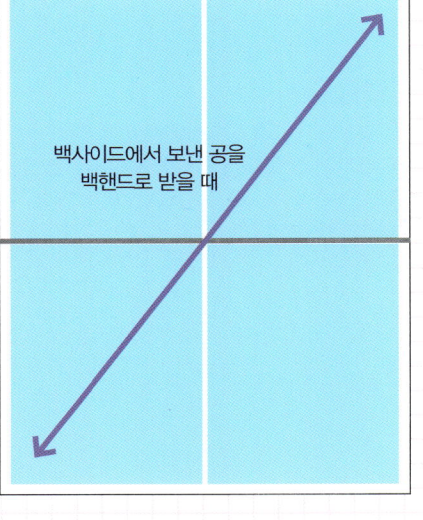

>> 훈련 방법 2

포어사이드에서 백사이드로 이동을 하면서 쇼트나 백핸드를 연습한다.

포핸드의 범위보다 백핸드의 범위가 좁기 때문에 커버를 위해서는 타이밍을 놓쳐서는 안되며, 이동이 빠르고 스텝이 좋아야 한다. 포어사이드에서 포핸드 톱스핀이나 포핸드 스트로크를 칠 때는 테이블에서 조금 떨어져서 친다. 백사이드로 이동하면서 쇼트를 할 때는 왼발을 최대한 테이블에 가깝게 붙이고 왼발의 보폭을 넓게 움직여 잔걸음 없이 단순하게 스텝을 밟아야 한다. 이 스텝을 이용한다면 이동하는 힘을 이용하여 역습을 노리는 백핸드나 백숏어택을 할 수 있다.

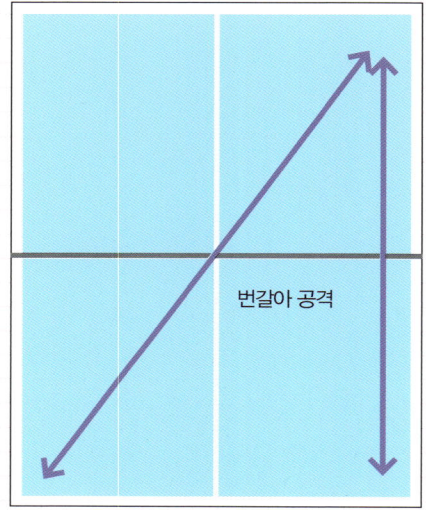

연습법 1

처음에는 포어사이드와 백사이드에서 한 번씩 공을 치는 훈련을 한다. 상대는 백사이드에서 코스를 번갈아 가며 쇼트를 보낸다. 이 훈련은 수비의 범위를 넓히는 데 효과적이다.

연습법 2

포어사이드에서 스트레이트로 치다가 상대가 불시에 방향을 틀어 백사이드로 쇼트를 준다. 연습자는 재빠른 스텝으로 이동해 공을 받는 훈련을 한다.

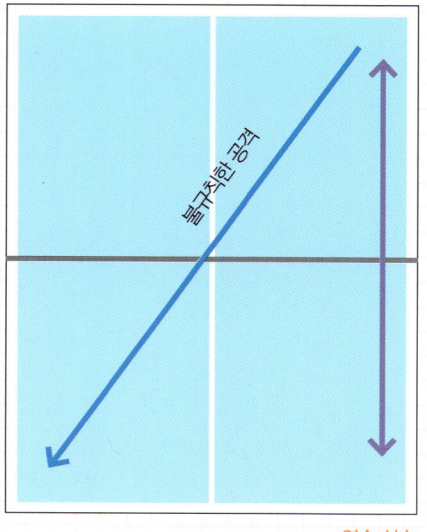

포핸드와 백핸드 전환을 익혀보자

탁구 경기는 빠른 박자의 공이 어디로 올지 예측할 수 없는 상황이 경기 내내 계속된다. 예측할 수 없는 공이 포어사이드와 백사이드로 갈라질 때 포핸드와 백핸드의 전환이 빠르고 능숙하게 이루어져야 실전에서 유리한 플레이를 펼칠 수 있다.

빠른 포핸드와 백핸드 전환 훈련 1

풋워크를 하면서 빠르게 포핸드와 백핸드를 전환하는 연습을 한다. 전환에서 가장 중요한 것은 신속함이다. 동작 시 라켓을 든 팔이 테이블 아래로 내려가지 않도록 주의하자.

올바른 전환 동작

포핸드로 한 번 스윙 후, 백핸드로 한 번 스윙한다. 이처럼 번갈아 타구하여 포핸드-백핸드 전환이 자연스럽게 이루어지도록 연습한다.

잘못된 전환 동작

전환 시 라켓이 테이블 밑으로 내려가면 안된다. 실제 경기라 생각하고 자세를 낮춰 긴장감 있게 준비자세를 취해야 한다.

현정화 어드바이스

전환에서 가장 중요한 요소는 속도다. 라켓이 테이블 위에서 움직이며 전환 동작이 이루어져야 어느 쪽으로든 빠르게 전환할 수 있으며, 팔만 움직이는 것보다 허리를 틀어서 라켓을 전환하는 것이 좋다.

포핸드-백핸드 전환 훈련법

현정화 어드바이스
약속된 코스로 보내는 개수는 응용해서 다양하게 연습하면 더욱 효과적이다(2번씩 하는 것도 좋고 2번, 1번 하는 것도 좋음).

연습법 1
상대가 포어사이드와 백사이드로 번갈아 쇼트를 보내면, 양 사이드로 움직이면서 포핸드와 쇼트로 타구하는 훈련을 반복한다.

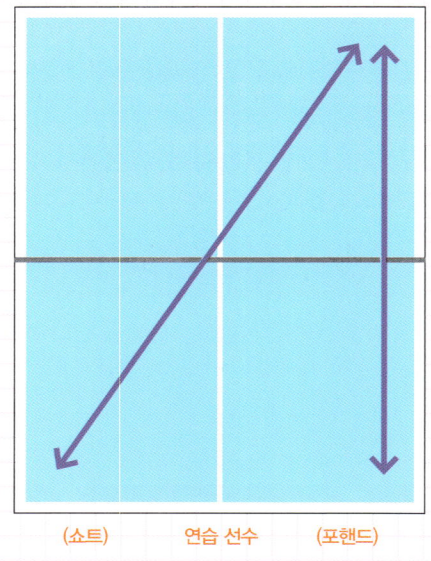

연습법 2
상대가 백사이드로 쇼트를 보내면, 백사이드에서 자세를 바꿔가며 포핸드와 쇼트로 한 번씩 타구한다.

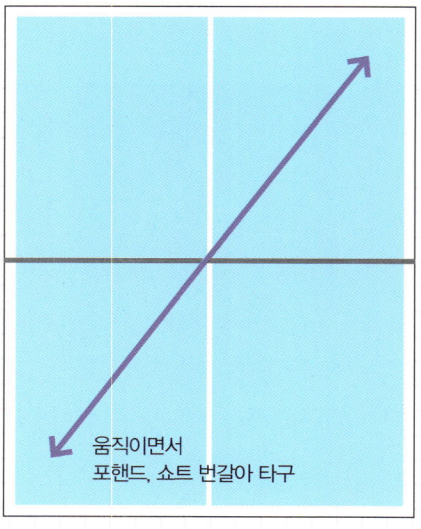

연습법 3
상대가 양 사이드로 불규칙적인 쇼트를 보내면, 포핸드와 백핸드를 전환하며 공이 오는 대로 타구한다.

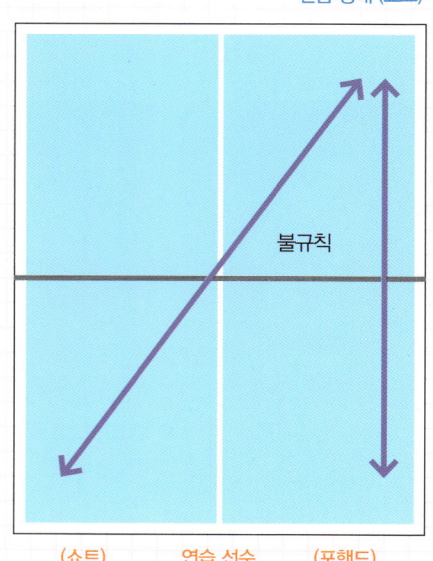

연습 상대 (포핸드)

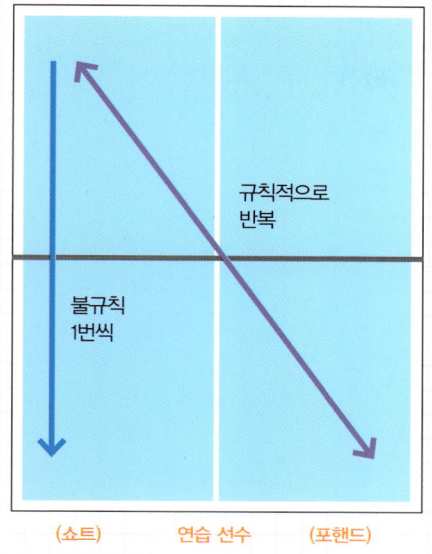

(쇼트)　연습 선수　(포핸드)

연습법 4

포어사이드에서 포핸드 스트로크를 반복해서 치다가 백사이드로 불규칙하게 들어오는 공을 쇼트로 받는다. 역으로, 백사이드에서 쇼트를 반복해 치다가 포어사이드로 불규칙하게 들어오는 공을 포핸드 스트로크로 받거나 공격하는 훈련을 한다.

연습법 5

상대가 양 사이드로 포핸드 스트로크나 톱스핀을 불규칙하게 보내는 것을 받아내는 훈련을 한다.

연습 상대 (포핸드)

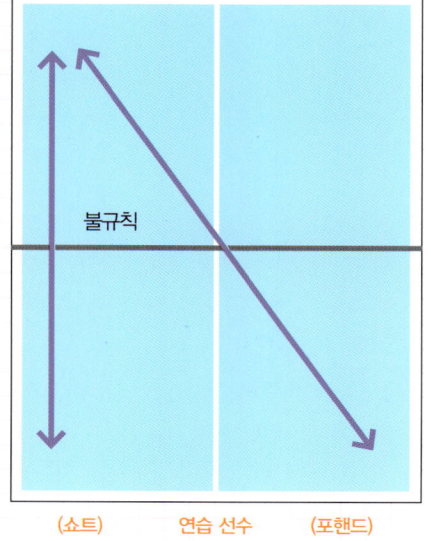

(쇼트)　연습 선수　(포핸드)

173

빠른 포핸드와 백핸드 전환 훈련 2

포핸드로 빠르게 전환할 때에는 공이 오는 방향으로 라켓을 갖다대면서 임팩트 순간 팔을 위로 올려 손끝에만 힘을 싣는다. 백핸드로 전환할 때에는 왼발을 테이블 안쪽으로 가져가기 전에 먼저 허리를 살짝 틀면서 팔꿈치를 몸 쪽에 붙인다.

포핸드 전환 시 올바른 자세

준비자세에서 포어사이드로 빨리 움직여야 하는 경우 라켓 핸드부터 신속히 포어사이드로 뻗어주면서 이동한다. 다리는 공이 떨어지는 지점에 최대한 가깝게 붙이도록 한다.

백핸드 전환 시 올바른 자세

백핸드도 포핸드와 같은 맥락이다. 백핸드로 빠르게 전환해야 하는 경우 몸을 왼쪽으로 틀면서 백사이드를 향해 나아간다. 공의 바운드 지점에 최대한 가깝게 발을 위치시키면서 백핸드로 타구한다.

연습법 1

포핸드를 치다가 백핸드로 전환을 할 때는 왼발의 보폭을 넓게 벌리면서 테이블 안쪽으로 들어가는 느낌으로 자연스럽게 중심을 이동시킨다. 타구 후에는 신속히 원래 위치로 돌아온다.

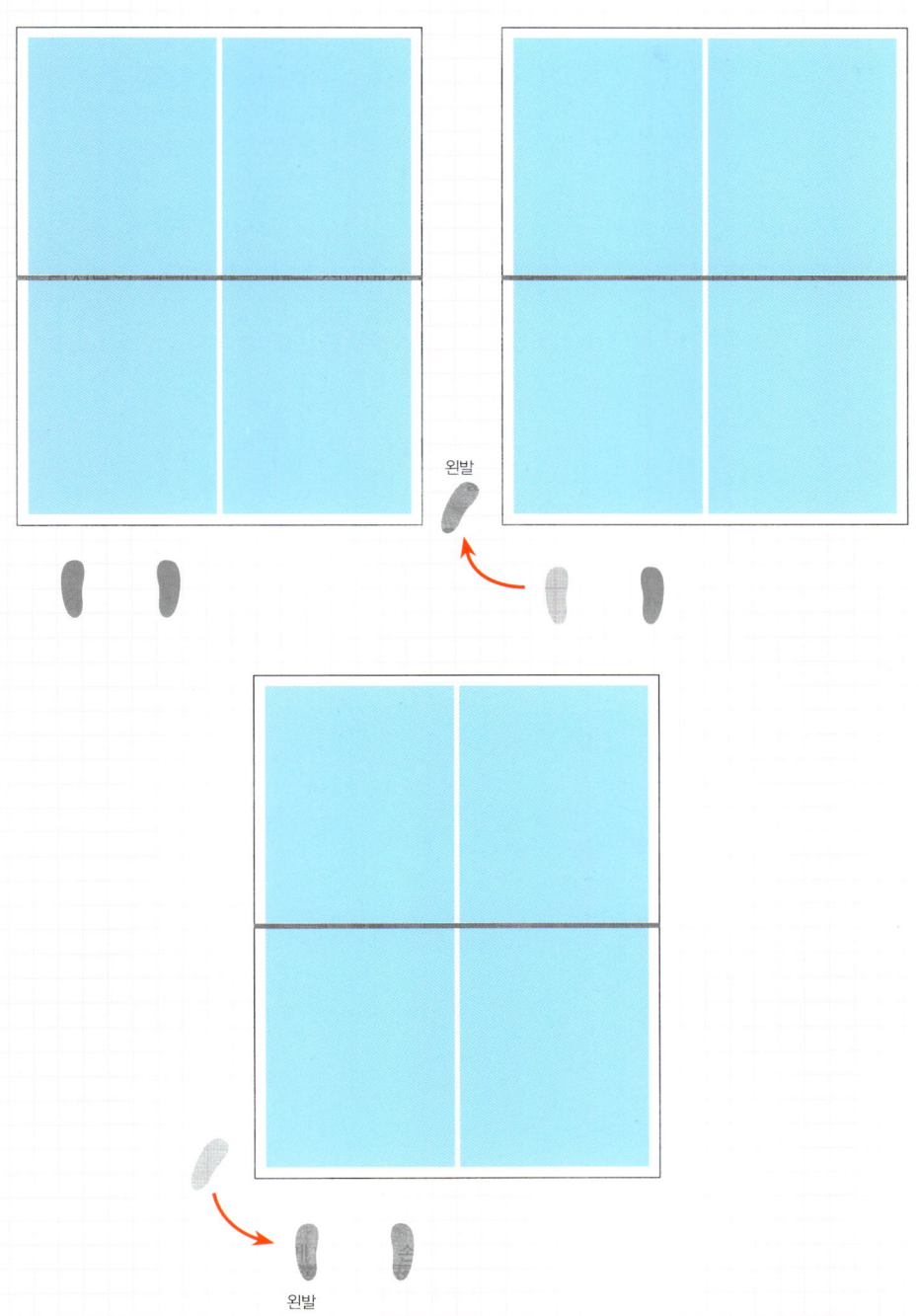

포핸드-백핸드 전환 훈련법

연습법 2

백핸드를 치다가 포핸드로 전환을 할 때도 마찬가지이다. 오른발의 보폭을 넓게 벌리면서 테이블 안쪽으로 붙는 느낌으로 자연스럽게 중심을 이동시킨다. 타구 후에는 신속히 원래 위치로 돌아온다.

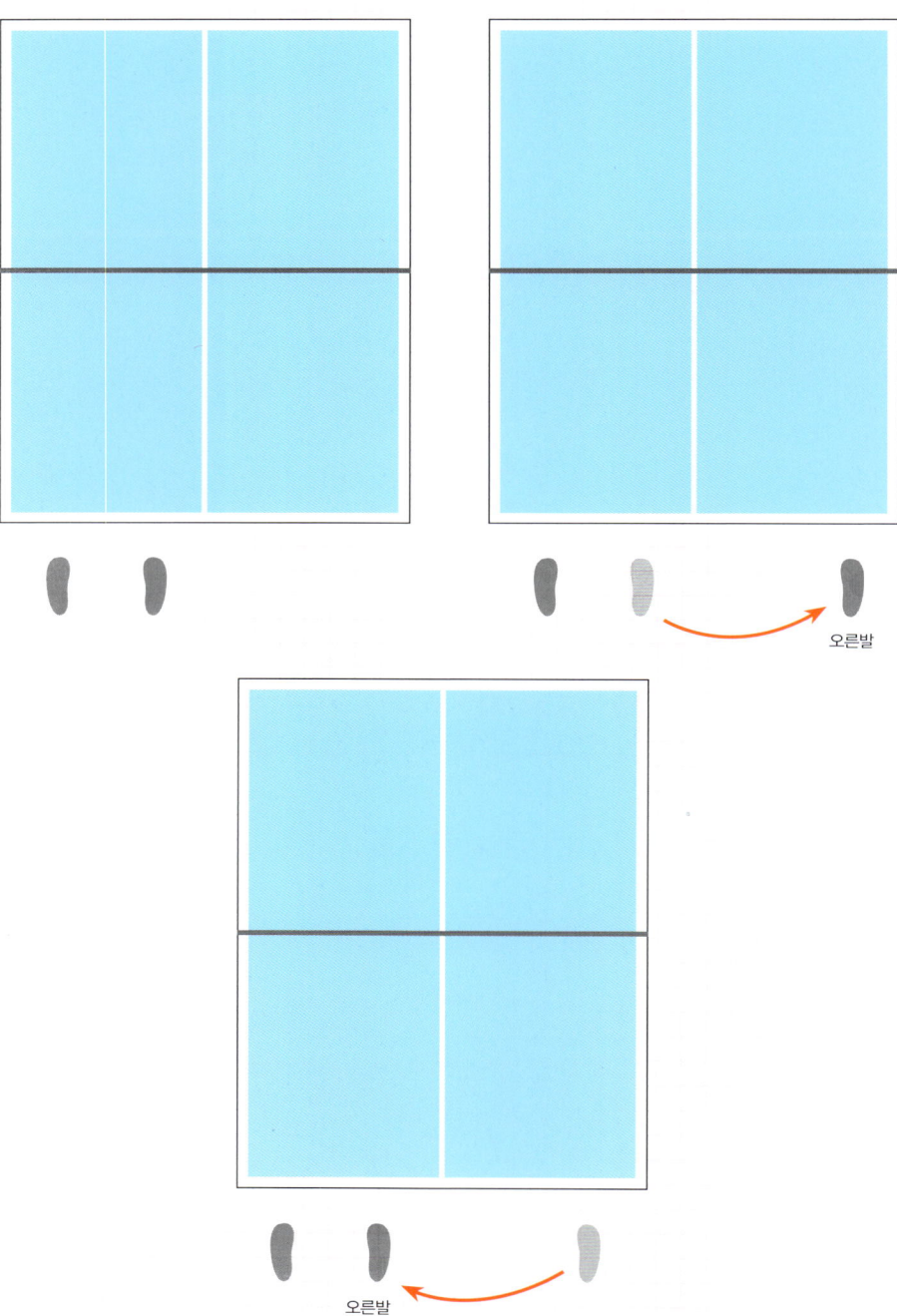

랠리 능력을 향상시킨다

탁구에서의 타법은 상대 공의 힘을 이용해 치는 방법과, 자기 힘으로 보내는 방법으로 나눌 수 있다. 랠리에 능한 선수가 되려면 어떤 상황에 처하더라도 모든 공을 소화할 수 있는 능력을 갖추어야 한다. 경기를 하다 보면 테이블에서 떨어져서 공을 주고받게 되는 경우가 흔히 발생하며, 2미터 이상 떨어져서 랠리를 진행하게 되는 상황도 자주 생긴다. 테이블과 멀어져서 치기 시작하면 박자에 맞춰 자신의 힘으로 공을 보내야 한다.

길게 치는 타법 (앞모습)

백스윙의 자세가 평소보다 크다. 무릎이 더 구부려지고 오른쪽으로 중심이 많이 쏠리는 것을 볼 수 있다. 먼 거리에서 타구하므로 힘을 실어 크게 스윙하고 길게 팔로스루하자.

길게 치는 타법 (옆모습)

테이블에서 2m 정도 떨어져서 준비자세를 취한다. 거리가 많이 벌어져 있으므로 백스윙을 크게 한다. 이때 무릎도 평소보다 좀 더 구부리고 그 반동을 이용해 큰 스윙으로 타구한다.

> 랠리 훈련법

랠리 향상 훈련법

테이블에 붙어서 칠 때와는 다르게 타구해야 한다. 2m 이상 떨어진 거리를 인식하고, 스윙과 타구 모두 길게 가져가는 느낌으로 한다. 무릎을 낮추었다가 살짝 일어나면서 중심을 이동시켜야 하고, 움직임의 폭이 넓으므로 풋워크가 더욱 민첩해야 한다. 또한 상대의 스트로크에 밀려 일정거리 이상으로 테이블과 멀어지게 되면 언제든지 로빙으로의 전환이 가능해야 한다. 계속 움직이며 쳐야 하고, 익숙한 거리가 아니므로 스윙의 완급에도 신경을 써야 한다.

연습법 1

각자 포어사이드에서 2m 정도 거리를 두고 서서 포핸드 스트로크 랠리를 이어간다.

연습법 2

포어사이드에서 2m 정도 거리를 두고 서서 포핸드 스트로크 랠리를 하는데, 이번에는 약속된 코스로 조금씩 움직여가며 스트로크를 한다. 포어사이드에서 시작해 백사이드로 조금씩 움직이며 치다가 백사이드에 다다르면 다시 포어사이드로 움직이면서 스트로크를 한다.

떨어진 상황에서의 포핸드 스트로크 랠리

연습법 3

한 사람은 백사이드에서 2m 이상 떨어져서 하프 발리를 하고, 다른 한 사람은 스매시나 톱스핀으로 받아치는 훈련을 한다. 이때 강도는 100%로 치는 것보다 80% 정도로 치는 것이 좋다.

하프 발리와 스매시

연습법 4

한 사람은 백사이드에서 하프 발리로 공격하다가 포어사이드로 코스를 바꾸어 로빙으로 양 사이드를 공격하고, 다른 한 사람은 스매시로 받아치는 훈련을 한다. 강도는 80% 정도로 치는 것이 좋다.

로빙과 스매시

복식 훈련법

복식 훈련으로 시합감을 향상시킨다

복식으로 경기할 경우에는 교대로 공을 쳐야 하는데, 이러한 복식 연습을 통해 단식에서는 느끼지 못했던 여러 가지 좋은 테크닉을 터득할 수 있다.

먼저 서비스나 리시브 후부터 파트너에게 자리를 내어주기 위해 계속해서 움직이며 공을 치게 되고 단식 못지않은 랠리 진행이 이루어지기 때문에 풋워크가 좋아진다. 또한 파트너가 친 공의 움직임을 예측하고, 그에 대응해 들어오는 상대의 동선까지 순식간에 파악해서 움직여야 하므로 경기 흐름을 읽는 능력이 향상된다. 게다가 세 사람이 치고 난 뒤 자신의 차례가 오기 때문에 박자를 맞춰 치는 리듬감도 향상시킬 수 있다.

복식에서의 위치 전환

복식에서 공을 치고 있지 않을 때는 파트너의 시야를 가리지 않도록 항상 파트너의 옆쪽으로 나와 있어야 한다. 그리고 어느 쪽에서 공을 치든지 파트너가 공을 치고 있는 동안 항상 중간 지점으로 들어와서 다음을 준비해야 한다. 대부분의 사람들이 복식을 치고 난 뒤 제자리에 서 있는 경우가 많은데, 파트너에게 자리를 내어주기 위해 뒤로 빠진 다음에는 다시 돌아서서 시야가 확보된 중간 지점으로 신속히 돌아와야 한다.

연습법 1

상대가 백사이드에서 쇼트를 하는 것을 백사이드에서 둘이 번갈아 친다. 앞에 있는 사람이 백사이드에서 포핸드를 치고 난 뒤 왼쪽으로 돌아서 빠지면 그 다음 사람이 재빠르게 들어와서 다음 공을 준비한다. 이렇게 교대로 치는 것을 반복한다.

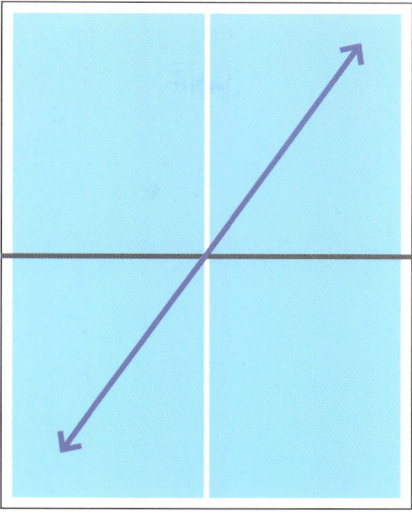

연습 상대 (쇼트)

연습법 2

상대는 양 사이드로 공을 두 번씩 보내고, 복식을 치는 두 사람은 풋워크로 움직이며 각각 한 번씩 교대로 친다. 포어사이드에서 치고 난 뒤 오른쪽으로 빠지고 백사이드에서는 치고 난 뒤는 왼쪽으로 빠지는 것이 기본 스텝이다. 전체적인 움직임의 동선이 8자 모양이 되도록 한다.

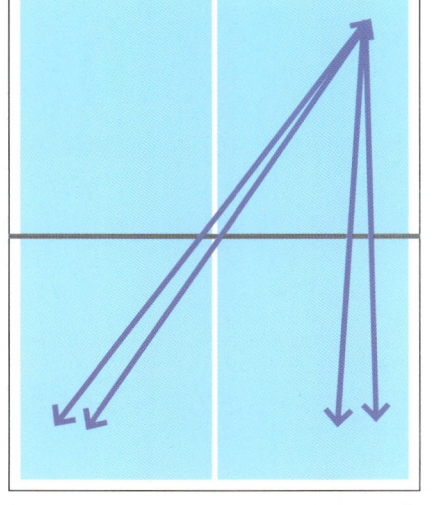

연습 상대 (쇼트)

연습법 3

상대는 양 사이드로 공을 불규칙적으로 나누어 보내고, 복식을 치는 두 사람은 포핸드를 하든 쇼트를 하든 치고 빠지는 것을 반복한다. 연습법2와 같은 동선으로 연습한다.

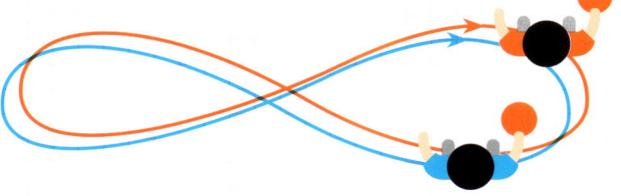

복식에서의 서비스 순서

복식 경기에서 매 게임 시 우선 서브할 권리를 가진 조는 누가 서브를 할 것인가를 선택하고, 매치의 첫 게임 시 리시브 조는 둘 중 누가 리시브를 먼저 할 것인지를 결정한다.

▶▶ 첫 번째 게임 시작 시

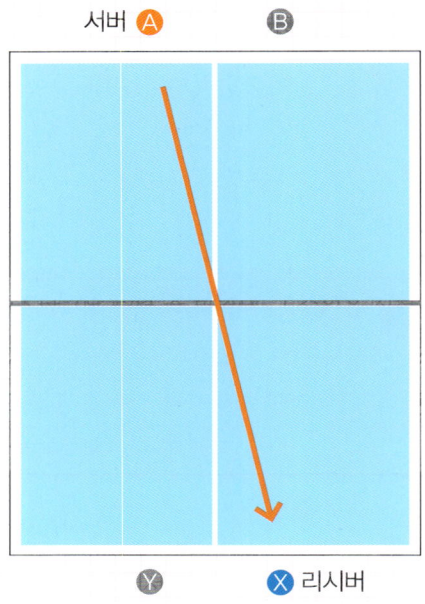

복식에서는 항상 포어사이드에서 포어사이드로 서비스해야 한다.

서비스가 바뀔 때마다 이전의 리시버는 서버가 되며 이전 서버의 파트너가 리시버가 된다.

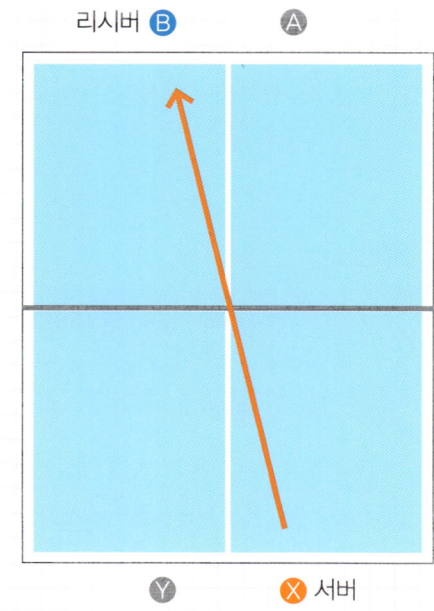

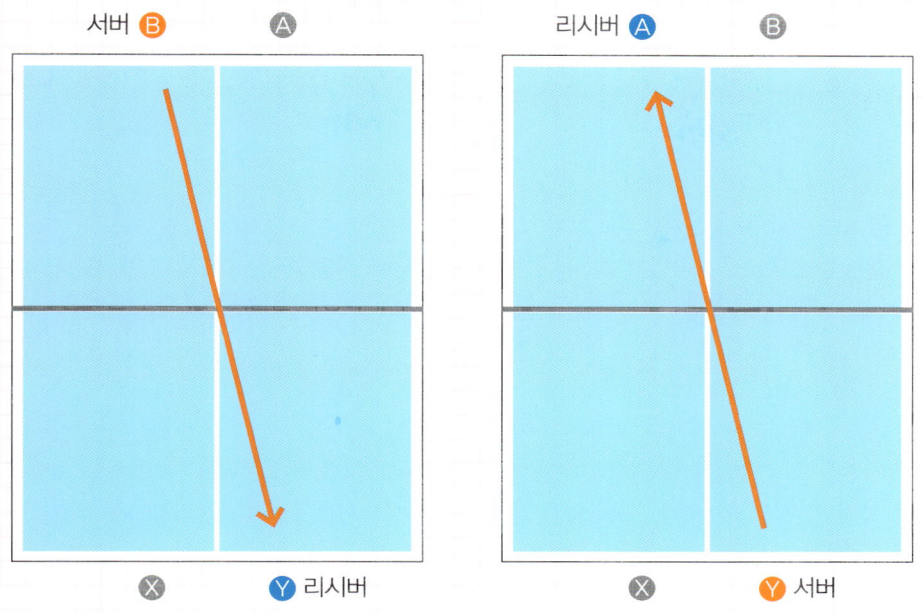

두 번째 세트 시작 시

첫 게임 시작 시 서비스한 조는 두 번째 게임 시작 시 리시브를 하게 된다. 매치 후속 게임에서 첫 서버(X 또는 Y)를 결정하고 나면 이전 게임에서 그에게 서비스한 선수가 첫 리시버가 된다.

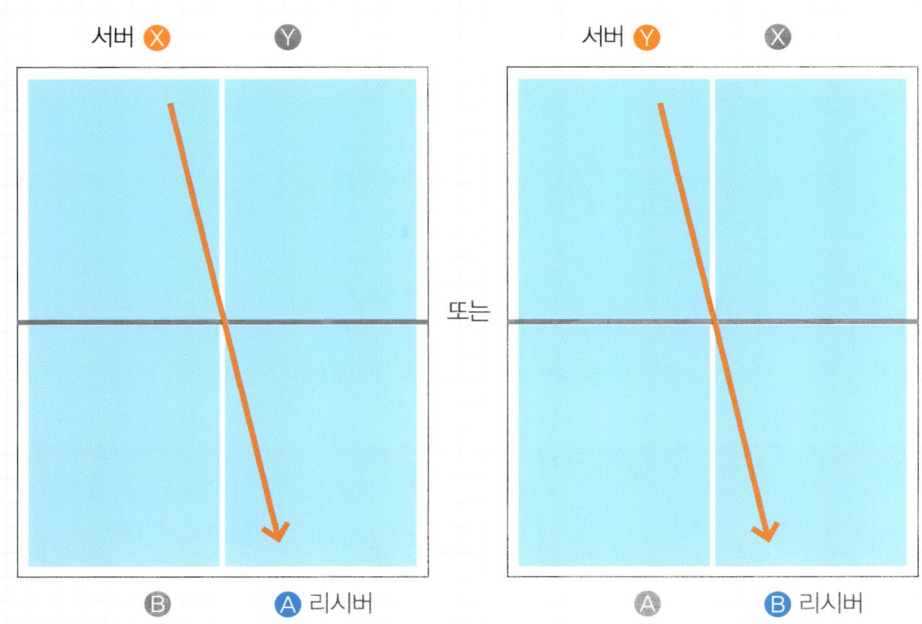

현정화의 순간

개인단식 우승, 그랜드슬램 달성의 영광
1993년 예테보리 세계선수권대회

개인전에서의 금메달은 선수시절 내내 품고 있던 나의 꿈이었다. 올림픽과 아시안게임 그리고 세계대회에서 수많은 금메달을 땄지만 모두 복식과 단체전에서 획득한 것이었기 때문에 개인단식 우승의 열망은 더욱 컸다.

그리고 1993년 스웨덴 예테보리 세계선수권대회가 다가왔다. 선수로서 마지막 국가대표대회가 될지도 모른다는 생각을 가지고 참가했던 대회였기에 나의 감회는 남달랐다. 그러나 당시 나의 컨디션은 그다지 좋은 상황이 아니었으며 사람들 또한 전혀 기대를 하지 않은 분위기였다. 좋지 않은 분위기는 대진에서도 뒤따랐다. 16강전에서 세계랭킹 1위인 덩야핑 선수와 겨루게 되어 있었고 이기고 올라가더라도 실력이 쟁쟁한 선수들이 첩첩산중으로 포진해 있었다. 상황이 이렇게 돌아가면서 내 염원인 개인단식 우승은 손에서 멀어지는 듯 보였다. 모두들 말은 하지 않았지만 비관적인 전망을 하고 있었다. 그때 나의 마음을 잡아줄 이는 오직 나 자신뿐이었다.

"나는 해낼 것이다. 훗날 이 순간을 되돌아보며 티끌만큼의 후회는 남기고 싶지 않아. 모든 것을 쏟아보자! 설령 지더라도 미련 따윈 남기지 않아."

오로지 최선을 다해 후회하지 않는 경기를 만들자는 마음만으로 한 경기, 한 경기를 이기며 올라갔다. 그런 와중에 가장 유력한 우승 후보였던 덩야핑 선수가 싱가폴 선수에게 패하는 이변이 일어났다. 불운이 행운으로 변하는 순간이었다. 그리고 뒤이어 준결승에서 대결해야 하는 강력한 라이벌 북한의 리분희 선수마저 루마니아의 바데스쿠 선수에게 패하며 탈락하였다.

그러나 그러한 행운도 잠시, 경기는 예상했던 것보다 훨씬 험난하게 펼쳐졌다. 끝나는 순간까지 치열하고 박빙인 상황이 이어졌다. 나는 상대인 바데스쿠 선수에게 힘과 스피드에 계속해서 밀렸고 점수도 5포인트씩이나 뒤지며 따라갔다. 그렇지만 내 선수시절 마지막 경기가 될지 모른다는 절실함이 마지막 포인트까지 최선을 다하게 만들었다. 그리고 마침내 22 대 20으로 기적적인 역전승을 거두며 결승전에 올랐다. 결승전은 88년 서울올림픽에서 금메달을 획득했던 첸징 선수와의 대결이었지만 생각보다 손쉽게 3 대 0으로 승리하며 대망의 우승을 차지했다.

그로써 꿈에도 그리던 세계선수권대회 개인단식에서의 금메달을 손에 쥐며 세계를 통틀어 몇 명 있을까 말까한 그랜드슬램을 달성한 선수가 되었고 우리나라 유일한 그랜드슬램의 타이틀을 가지게 되었다.

PART 05
승리를 위한 시합 전술

단식에서의 서비스 전술

서비스권을 가지고 있을 때에는 짧은 서비스와 긴 서비스, 크게 두 부류로 나누어 전략을 구상하면 훨씬 효과적인 플레이를 펼칠 수 있다.

긴 서비스를 이용한 전술

>> **백사이드로 긴 서비스를 넣었을 때, 상대가 백사이드로 리시브한 경우**

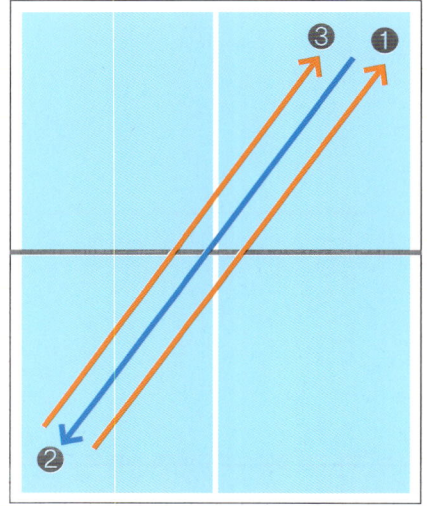

①백사이드로 길게 사이드스핀 서비스를 넣고 난 뒤 ②상대가 백사이드로 쇼트하여 리시브하면, ③돌아서면서 상대의 백사이드로 포핸드 공격을 한다.

상대가 예측하지 못한 상황에서 기습적으로 긴 서비스를 넣은 경우라면, 모든 리시브는 백사이드로 온다고 생각하면 된다. 서비스를 넣고 난 뒤 미리 예상하고 돌아선다면 훨씬 좋은 공격을 할 수 있다.

미들과 포어사이드로 코스를 바꾸어도 3구에서 득점을 노릴 수 있다.

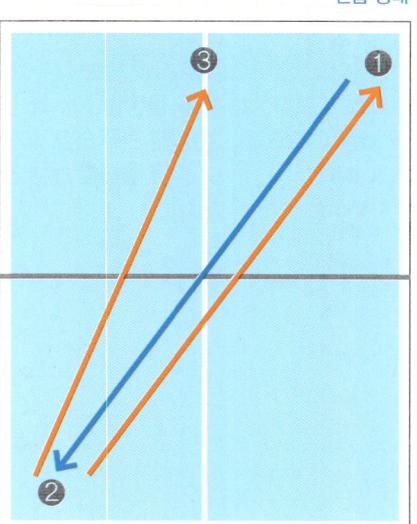

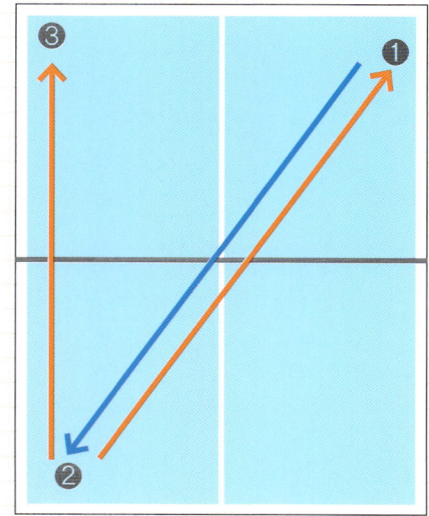

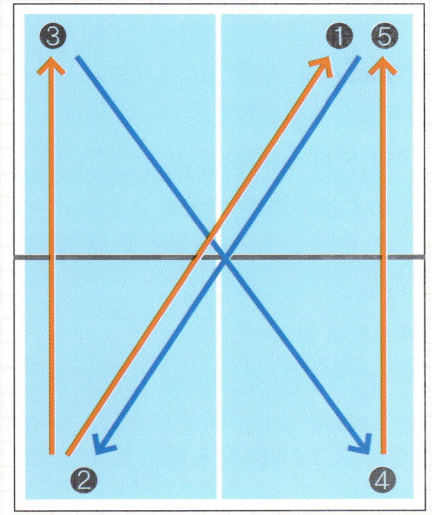

②상대가 백핸드 톱스핀 또는 돌아서서 포핸드 톱스핀을 걸어 백사이드로 리시브하면 ③스트레이트로 쇼트를 민다. ④쇼트에 밀린 상대가 크로스로 포핸드 공격을 하면 ⑤포어사이드로 이동하여 백사이드로 깊숙이 공격한다.

중요한 것은, 스트레이트로 쇼트를 미는 박자와 강도이다. 미리 기다리고 있다가 공격적인 쇼트를 함으로써 상대의 자세를 흐트러뜨려야 한다.

>> **백사이드로 긴 서비스를 넣었을 때, 상대가 포어사이드로 리시브한 경우**

①백사이드로 서비스를 길게 넣고 ②상대가 포어사이드로 쇼트를 했을 때 ③포어사이드로 이동하여 포어사이드와 백사이드를 공격한다. 길게 넣는 서비스 이후 돌아서서 공격한 3구에 의해 상대가 점수를 많이 잃었다면 분명 리시브의 코스를 바꿀 것이다. 바꾸는 시기를 예상할 수 있도록 집중하고, 예상이 빗나가더라도 즉각 민첩하게 이동해 공격할 수 있어야 한다.

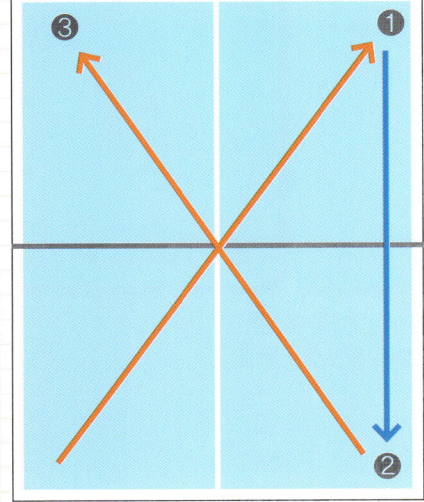
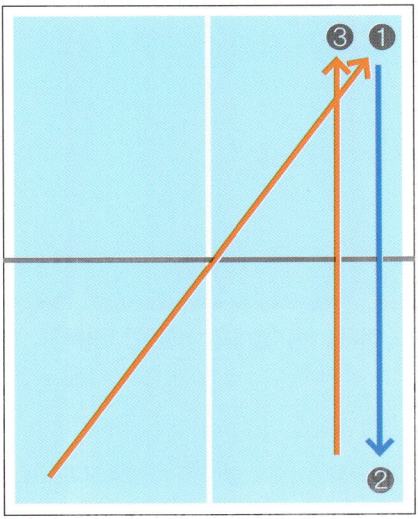

≫미들로 긴 서비스를 넣었을 때, 상대가 백사이드로 리시브한 경우

①푸시성 사이드스핀 서비스를 미들로 길게 넣고, ②상대가 백사이드로 리시브하면 ③돌아서서 백을 비롯한 미들과 포어사이드를 공격한다. 미들 깊숙이 사이드스핀 서비스를 넣을 때 조금 무겁게 언더스핀을 섞어 보내면, 상대는 백핸드 톱스핀을 걸 수밖에 없다. 백사이드에서 상대의 백핸드 톱스핀을 기다렸다가 공격한다.

참고로 요즘은 셰이크핸드 그립을 사용하는 선수가 많은 추세여서 양 핸드로 공격을 하기 때문에 리시브 시에도 잘 돌아서지 않는다.

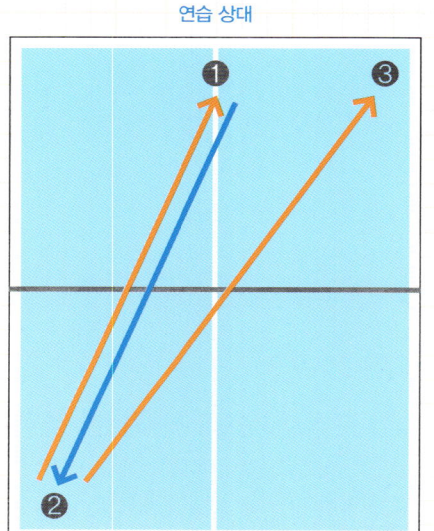
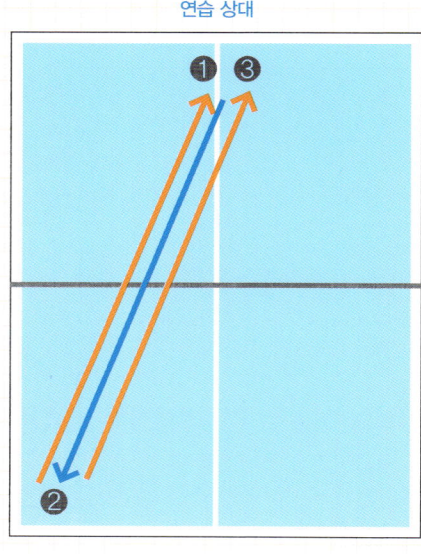
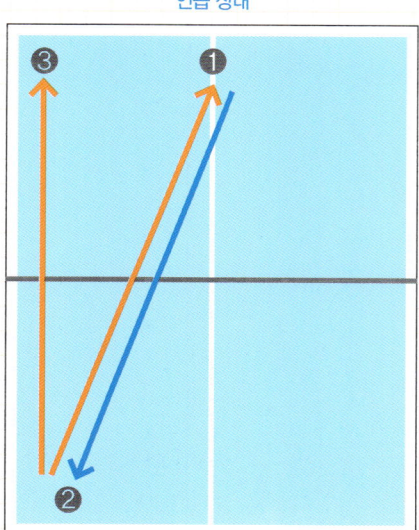

짧은 서비스를 이용한 전술

짧은 서비스를 넣는 이유는, 상대가 푸시로만 리시브를 하게 만들어 3구부터의 공격을 원활히 펼치기 위함이다. 짧은 서비스의 회전을 이용해 상대를 혼란스럽게 만들어, 움직이면서 푸시하도록 유도하고 디펜스 자세를 불안정하게 만든다. 짧은 서비스를 넣고 난 뒤의 3구 공격은 대개 5구 공격으로 이어지는 경우가 많으므로 강한 공격보다는 '만들어준다'는 생각으로 공격을 펼친다. 말하자면 여기서의 3구 공격은 상대 디펜스를 흔들어서 5구를 공략하는 작전인 셈이다.

▶▶ 미들로 짧은 서비스를 넣었을 때, 백사이드로 길게 리시브한 경우

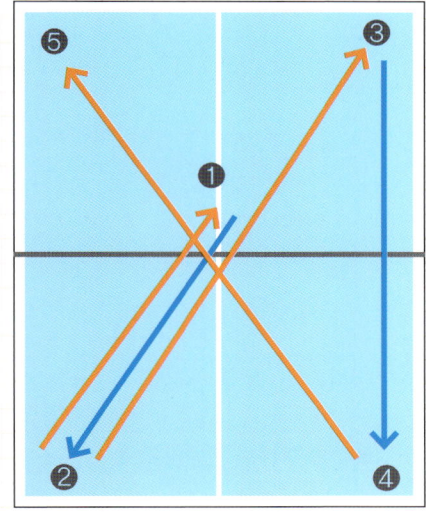

③백사이드로 톱스핀을 걸고 ④상대가 포어사이드로 쇼트를 밀면 ⑤이동하여 크로스로 공격한다.

③상대의 포어사이드로 백핸드 톱스핀을 걸고, ④상대가 포어사이드로 블록하면 ⑤재빨리 움직여 백사이드를 공격한다.

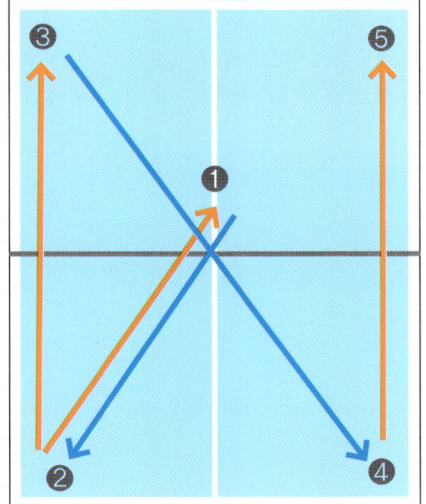

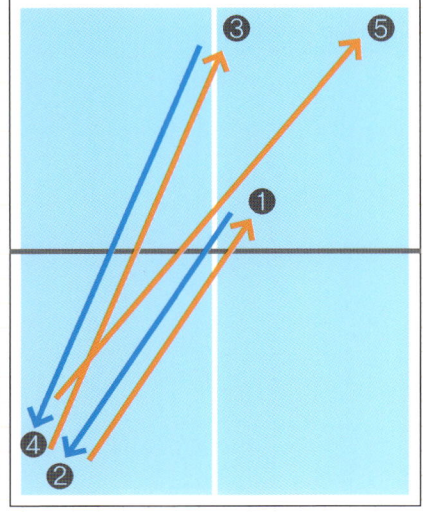

③미들로 톱스핀을 걸고 ④상대가 다시 백사이드로 쇼트한 공을 받아 ⑤백사이드 깊숙이 공격한다.

189

단식 서비스 전술

>> **미들로 짧은 서비스를 넣었을 때, 포어사이드로 길게 리시브한 경우**

③포어사이드로 톱스핀 후 ④다시 포어사이드로 온 공을 ⑤백사이드로 공격한다.

③포어사이드로 톱스핀 후 ④백사이드로 오면 ⑤크로스로 백핸드 톱스핀을 한다.

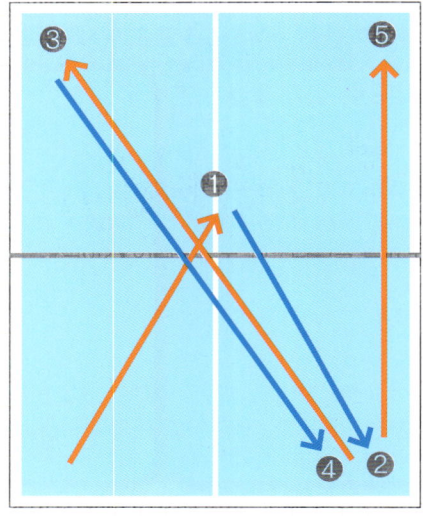

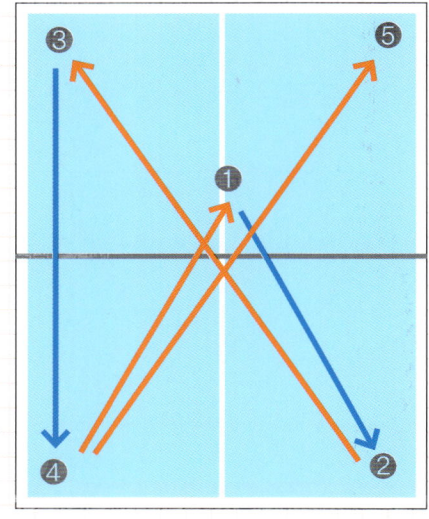

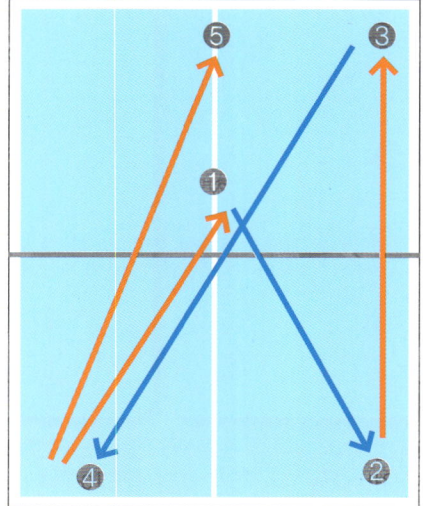

③백사이드로 톱스핀 후 ④백사이드로 오면 ⑤미들로 백핸드 톱스핀을 한다.

≫ 미들로 짧은 서비스를 넣었을 때, 미들로 짧게 리시브한 경우

③다시 미들로 짧게 놓고 난 뒤 ④상대가 백사이드로 푸시하면, ⑤돌아서서 미들로 톱스핀을 건다.

③플릭을 이용하여 백사이드로 선제를 한 후 ④상대가 백사이드로 쇼트를 대면, ⑤돌아서서 백사이드나 미들로 공격한다.

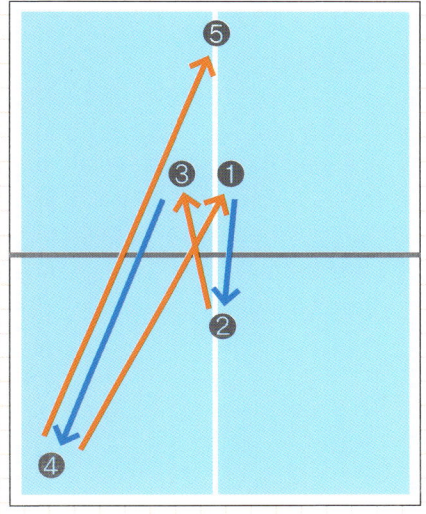

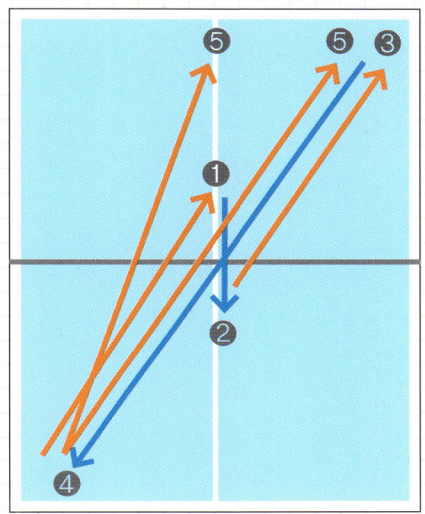

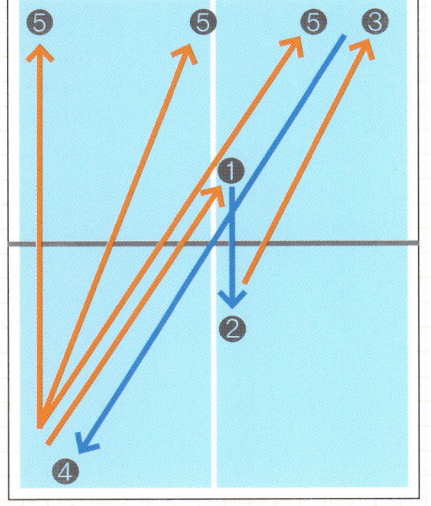

③백사이드로 빠르고 길게 푸시를 하고, ④다시 상대가 백사이드로 푸시하면 ⑤돌아서면서 공격한다. 포어사이드, 미들, 백사이드 모두 공격할 수 있으나 미들로 공격할 때가 가장 위력이 있다.

현정화 어드바이스

짧은 서비스는 상대와의 묘한 심리 싸움이 필요하다. 푸시성과 무회전 서비스, 사이드 스핀 서비스에서도 푸시성 회전의 강도를 조절하여 상대의 푸시가 떠서 들어오게 만드는 것이 중요하다. 짧은 서비스는 모션이나 구질로 상대를 교란시켜 찬스를 만들어 공격으로 연결시켜야 한다.

짧은 서비스를 넣었을 때 조심해야 하는 상황은 상대가 플릭을 할 경우다. 무회전이나 횡회전이 많은 서비스를 넣을 때는 플릭 리시브를 대비하면서 넣고 만일 플릭을 했을 시 빠르게 디펜스 자세로 바꿀 수 있어야 한다.

▶▶ 포어사이드로 짧은 너클 서비스를 넣었을 때, 백사이드로 리시브한 경우

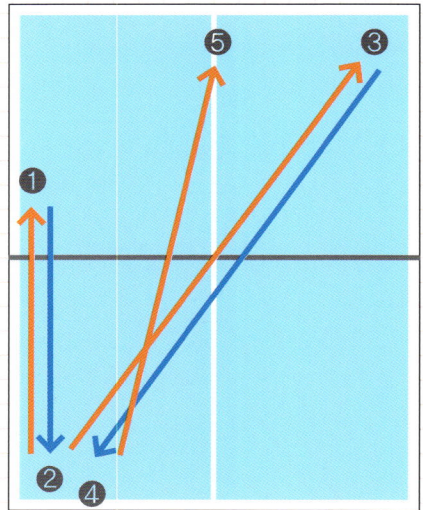

③돌아서서 백사이드로 포핸드 톱스핀을 걸고 ④상대가 다시 백사이드로 쇼트한 공을 ⑤미들로 공격한다.

현정화 어드바이스

포어사이드로 너클 서비스를 짧게 넣었을 때도 미들로 서비스를 넣었을 때의 시스템과 크게 달라지는 것은 없다. 단 리시버를 포어사이드로 많이 이동시키기 때문에 백사이드가 순간적으로 빈다. 이 점을 적극적으로 이용할 필요가 있다.

▶▶ 포어사이드로 짧은 너클 서비스를 넣었을 때, 포어사이드로 리시브한 경우

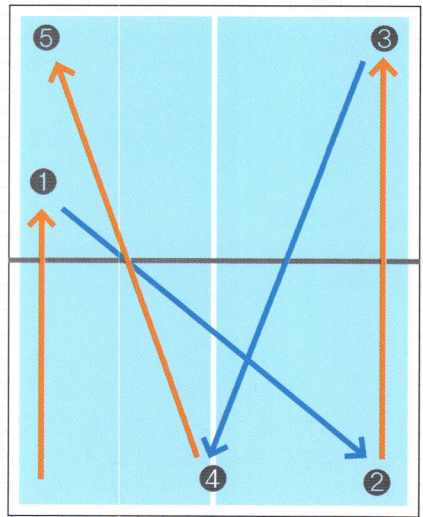

③백사이드로 3구 공격을 하면 상대가 포어사이드에서 백사이드로 와야 하기 때문에 공을 받아내기에도 벅찰 것이다. ④상대가 미들로 공을 보내면 ⑤비어 있는 포어사이드로 받아친다.

리시브가 어떤 코스로 오더라도 빠른 박자로 3구 공격을 함으로써 찬스를 만들어, 5구로 마무리한다.

단식에서의 리시브 전술

리시브 전술도 짧은 서비스에 대한 리시브와 긴 서비스에 대한 리시브, 이렇게 크게 두 가지 상황으로 나뉜다.

짧은 서비스에 대한 리시브 전술

>> 미들로 짧은 서비스가 들어온 경우

②미들로 짧게 푸시한 뒤 ③상대가 다시 백사이드로 푸시하면, ④돌아서면서 미들로 톱스핀 공격을 한다.

②백사이드 깊숙이 푸시 후 ③상대가 백사이드로 톱스핀을 걸면 ④포어사이드로 쇼트를 밀고 ⑥다시 포어사이드를 지켜 다양한 코스로 공격한다.

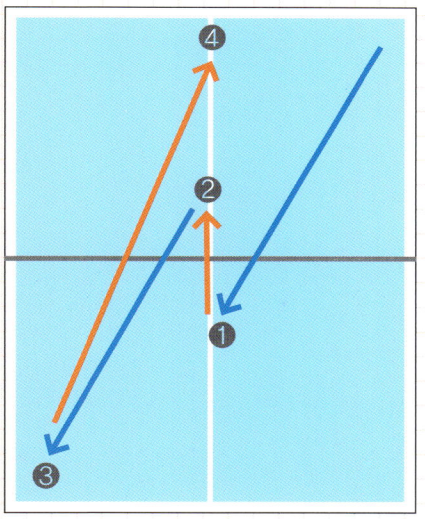
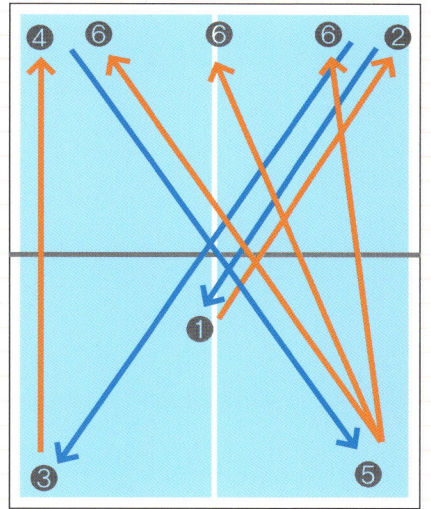

현정화 어드바이스

푸시 리시브를 할 때는 푸시의 속도가 늦기 때문에 어느 코스로 리시브를 한다 해도 상대가 쉽게 공격할 수 있다. 그러므로 가능한 한 빠른 박자로 깊고 길게 푸시 리시브해 상대가 가까스로 타구하게 만들어야 한다. 그래야 디펜스 코스를 읽고 효과적인 공격을 펼칠 수 있다.
대부분 크로스를 지키면 된다. 짧게 푸시할 때에도 박자를 빠르게 해서, 상대가 급한 느낌으로 달려 들어와 백사이드로 넘길 수밖에 없도록 만든 다음 선제 공격을 한다.

단식 리시브 전술

연습 상대

②포어사이드로 길게 푸시 후 ③상대가 포어사이드로 톱스핀을 걸면 ④포어사이드 또는 백사이드로 블록을 한다.

연습 선수

》포어사이드로 짧은 서비스가 들어온 경우

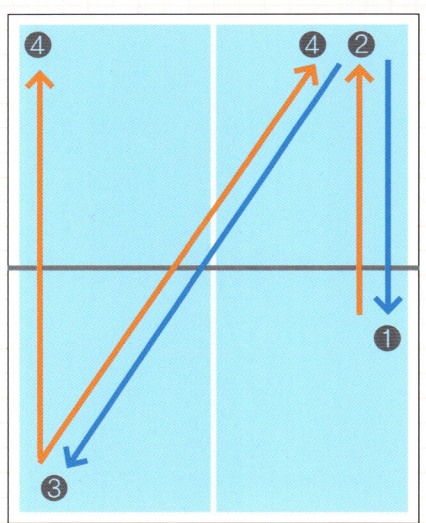

②백사이드로 깊게 푸시 후 ③상대가 백사이드로 톱스핀하면 ④백사이드나 포어사이드로 쇼트를 민다.

플릭을 이용한 리시브 전술

플릭을 이용해 리시브하면 4구째부터 강한 공격을 펼칠 수 있어 득점 확률을 높일 수 있다. 포핸드 공격을 주 무기로 사용하는 선수들이 자주 쓰는 전술로, 무회전 또는 횡회전이 섞여 있는 서비스만을 골라 플릭해야 효과적이다.

▶▶ 미들로 짧은 서비스가 들어온 경우

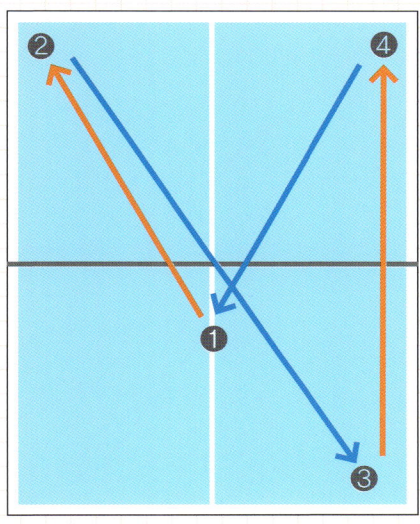

① 미들로 온 짧은 서비스를 ② 포어사이드로 플릭하고 ③ 상대가 받아 포어사이드로 보내면 ④ 백사이드로 공격을 한다.

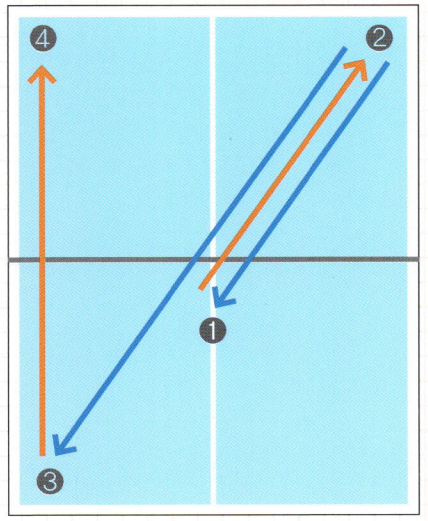

① 미들로 온 짧은 서비스를 ② 백사이드로 플릭하고 ③ 상대가 받아 백사이드로 보내면 ④ 돌아서서 포어사이드로 포핸드 공격을 한다.

단식 리시브 전술

▶▶ 포어사이드로 짧은 서비스가 들어온 경우

①포어사이드로 짧게 서비스한 공을 ②포어사이드로 깊고 빠르게 리시브하면 ③상대는 급하게 쫓겨서 타구하게 되므로, 백사이드로 톱스핀을 걸 수밖에 없다. ④백사이드에서 쇼트를 미리 기다렸다가 백사이드로 밀고, ⑤다시 백사이드로 들어오는 공을 ⑥포핸드로 치기 위해 돌아서면 된다.

만일 3구에서 상대가 박자를 늦추어서 포어사이드로 톱스핀을 건다면 포어사이드에서 기다리다가 양 사이드로 블록을 넣어 반격한다.

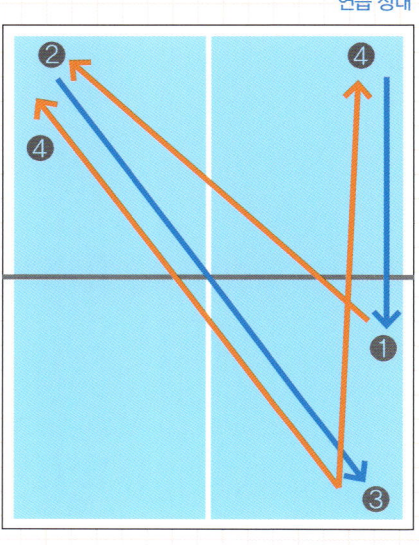

상대가 백핸드 톱스핀을 하기 위해 안쪽으로 들어와서 양쪽을 지키고 있다면 ②미들로 깊게 푸시 리시브하여 ③백핸드 톱스핀이 들리게 만든 다음 ④백핸드 블록으로 상대의 백사이드를 공격한다.

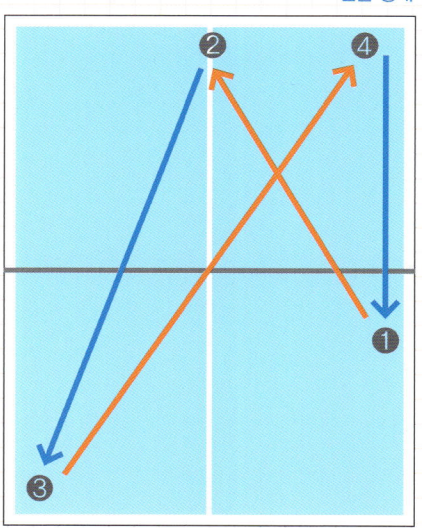

196

긴 서비스에 대한 리시브 전술

①백사이드로 긴 서비스가 들어온다. ②돌아서서 백사이드로 포핸드 공격을 하고 ③상대가 포어사이드로 쇼트하면 ④재빨리 움직여 포어사이드로 공격한다.

①백사이드로 긴 서비스가 들어온다. ②백사이드로 백핸드 톱스핀을 걸고, ③상대가 다시 백사이드로 보내면 ④포어사이드로 백핸드 공격을 한다.

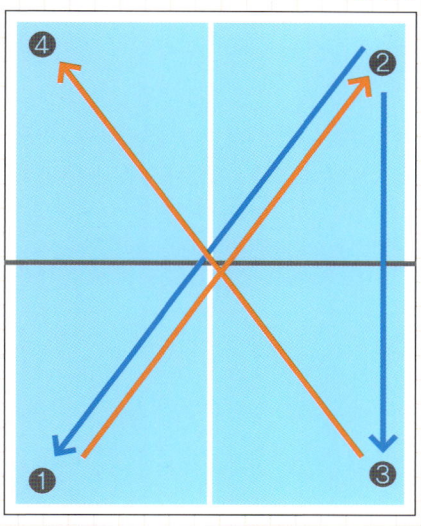

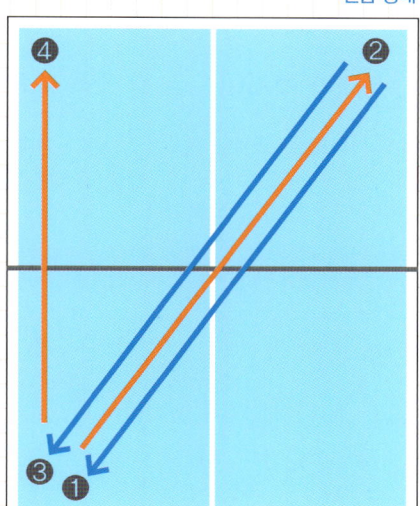

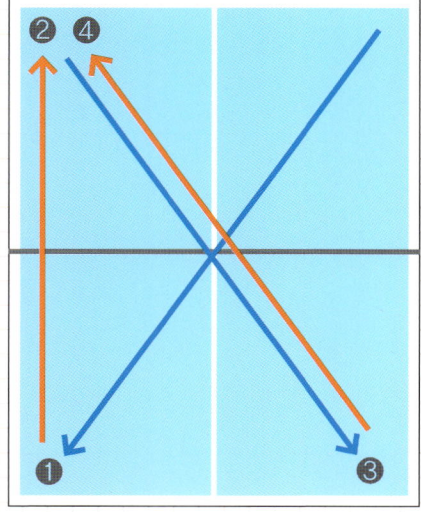

①백사이드로 긴 서비스가 들어온다. ②포어사이드로 백핸드 톱스핀을 걸고, ③상대가 받아 포어사이드로 보내면 ④다시 포어사이드로 공격한다.

복식에서의 서비스 전술

복식에서는 두 선수가 서로 번갈아 공을 쳐야 하므로 파트너와의 호흡이 무엇보다 중요하다. 파트너와 움직임이 엉키지 않도록 민첩하게 움직여서 매끄럽게 전술을 이어가도록 하자.

미들(포어사이드 방향)로 짧게 보내는 푸시 서비스를 이용한 전술

▶▶ 상대가 백사이드로 길게 푸시 리시브한 경우

③백사이드로 포핸드 톱스핀을 걸고, ④상대가 포어사이드로 쇼트한 공을 ⑤재빨리 받아 포어사이드로 공격한다.

③포어사이드로 포핸드 톱스핀이나 백핸드 톱스핀을 걸고, ④상대가 포어사이드로 받아치면 ⑤다시 포어사이드로 보내 공격한다.

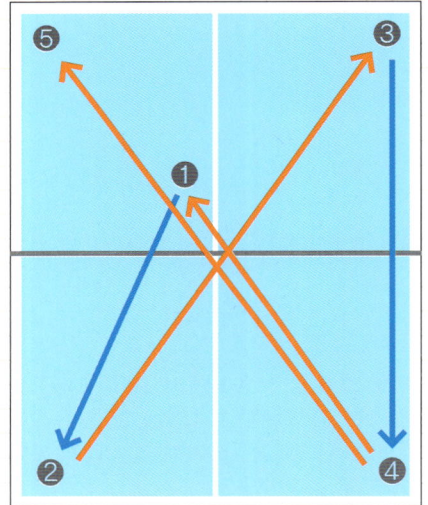
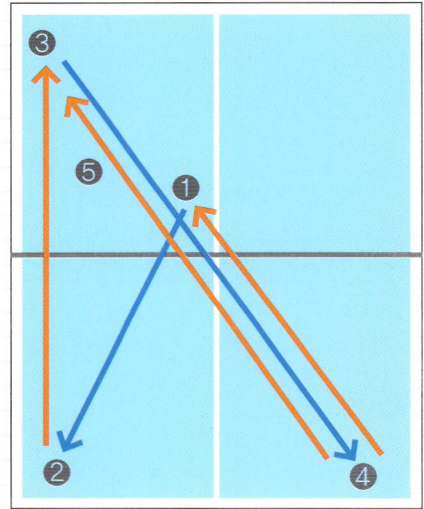

상대가 포어사이드로 길게 푸시 리시브한 경우

③포어사이드로 톱스핀을 걸고 ④상대가 포어사이드로 받아치면 ⑤맞받아 포어사이드로 공격한다.

③백사이드로 톱스핀을 걸고 ④상대가 백사이드로 쇼트하면 ⑤백핸드 톱스핀을 걸어 백사이드로 공격한다.

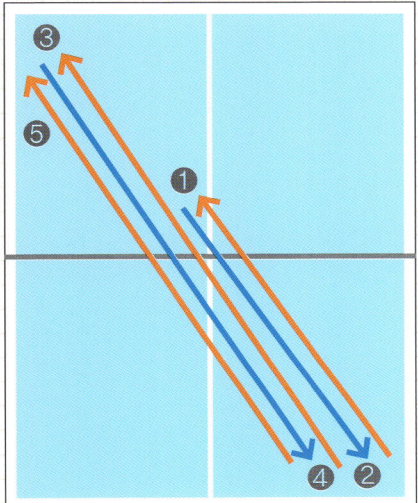

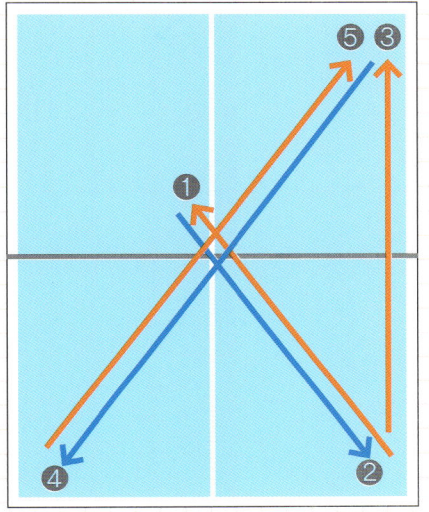

상대가 미들로 짧게 푸시 리시브한 경우

③백사이드로 길게 푸시를 주고 ④상대가 백사이드로 톱스핀을 걸면 ⑤다시 백사이드로 블록을 한다.

③포어사이드로 길게 푸시를 주고 ④상대가 포어사이드로 톱스핀을 걸면 ⑤다시 포어사이드로 포핸드 블록을 한다.

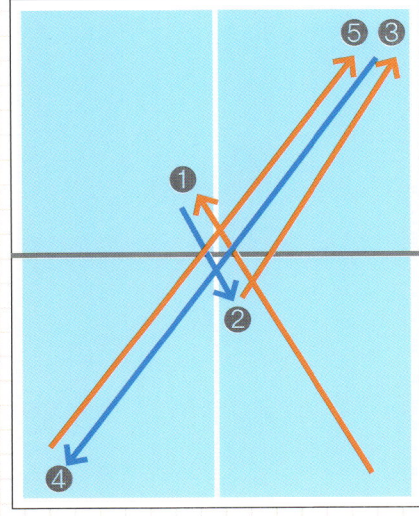

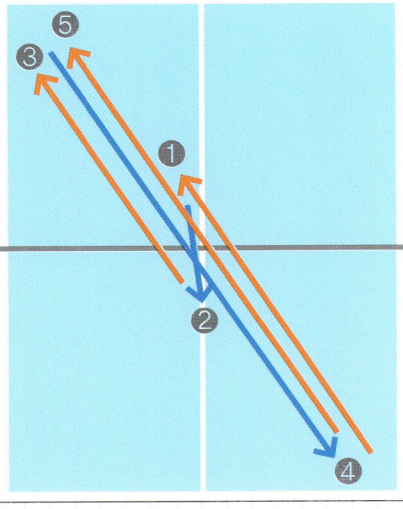

③다시 미들로 짧게 푸시를 하고 ④상대가 백사이드로 푸시를 하면 ⑤포어사이드로 백핸드 톱스핀을 한다.

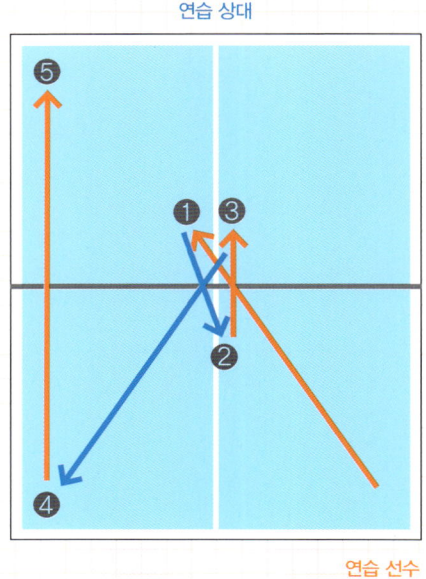

③포어사이드나 백사이드로 플릭하고, ④상대가 크로스로 받아치면 ⑤파트너는 대기하고 있다가 양 핸드 톱스핀을 이용해서 크로스로 공격을 한다.

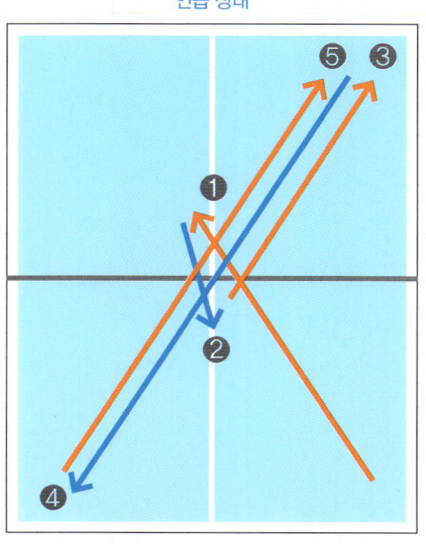 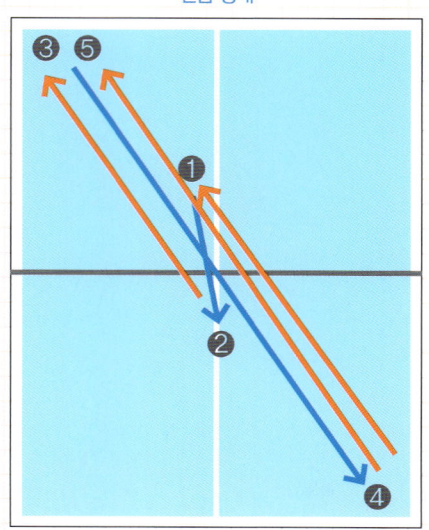

만약 파트너가 좀 더 여유 있게 공격을 준비한다면, 스트레이트로 공격을 펼치는 것이 좋다.

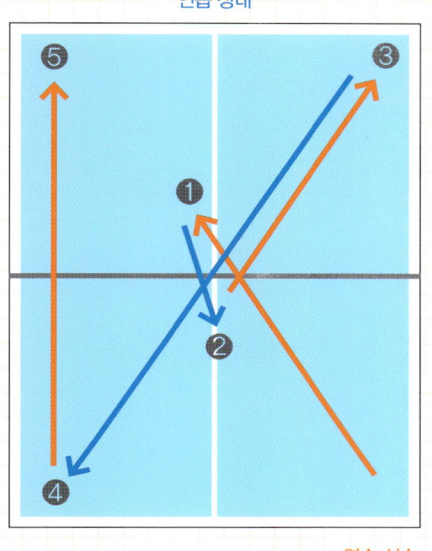
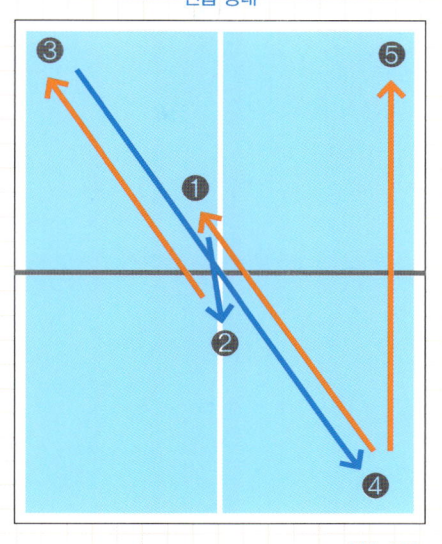

③미들 코스로 플릭을 하면 ④상대의 쇼트가 양 사이드로 깊게 빠질 수 없기 때문에 다음 사람이 포핸드 톱스핀 공격을 쉽게 잡을 수 있어 득점을 노릴 수 있다.

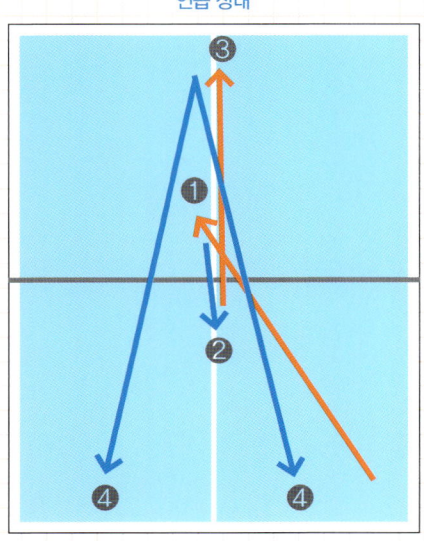

>> 상대가 플릭 리시브를 한 경우

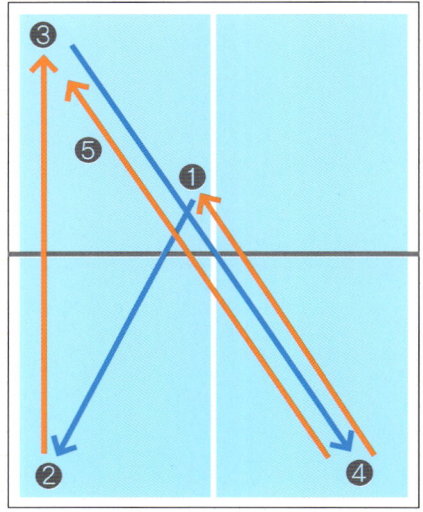

②상대가 백사이드로 플릭 리시브를 한 경우에는 ③포어사이드로 백핸드 톱스핀을 걸고, ④상대가 포어사이드로 블록을 하면 ⑤포어사이드로 톱스핀을 건다.

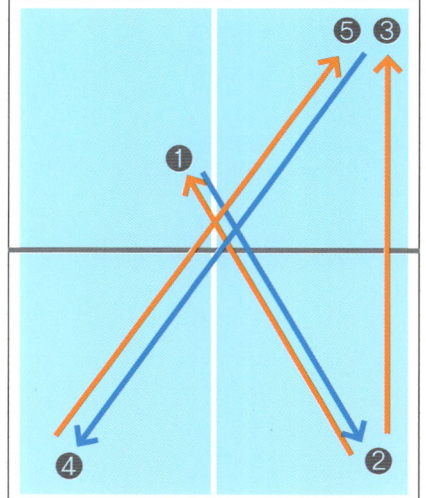

②포어사이드로 플릭 리시브를 한 경우에는 ③포어사이드로 움직여 백사이드로 톱스핀을 하고, ④상대가 백사이드로 쇼트를 보내면 ⑤백사이드로 백핸드 톱스핀을 건다.

복식에서의 리시브 전술

일반적으로 가장 많이 쓰이는 리시브 전술을 다루었다. 이 코스를 꼭 숙지하고 파트너와의 호흡을 잘 맞추어 득점 찬스를 만들어보자.

짧은 푸시 서비스에 대한 리시브 전술

▶▶ 백사이드로 길게 푸시하여 리시브한 경우

③상대가 백사이드로 백핸드 톱스핀을 걸면 ④포어사이드로 쇼트를 민다.

③상대가 포어사이드로 백핸드 톱스핀을 걸면 ④포어사이드로 포핸드 블록을 한다.

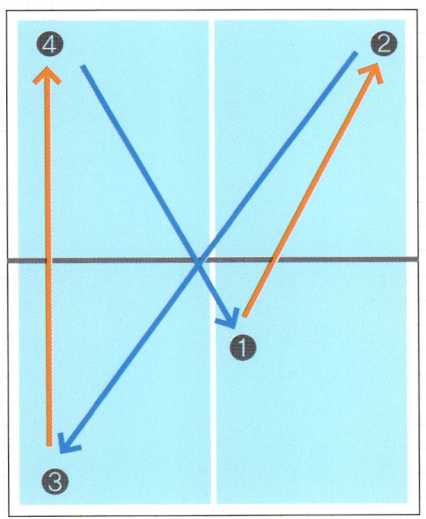
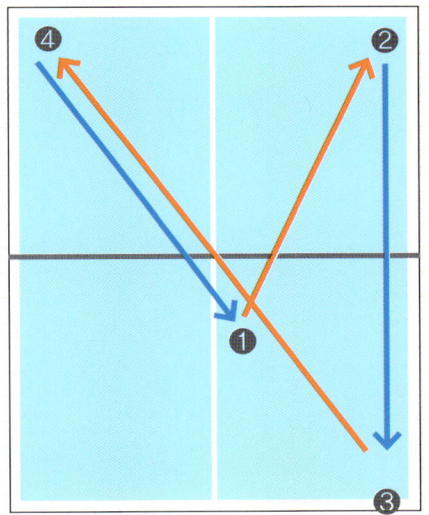

》포어사이드로 길게 푸시하여 리시브한 경우

③상대가 포어사이드로 포핸드 톱스핀을 걸면 ④포어사이드로 포핸드 블록을 한다.

③상대가 백사이드로 포핸드 톱스핀을 걸면 ④쇼트를 양 사이드로 민다.

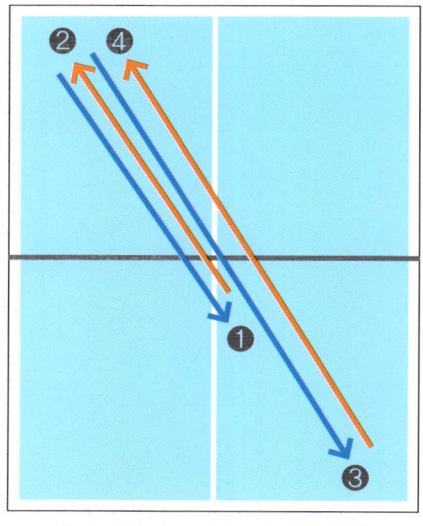
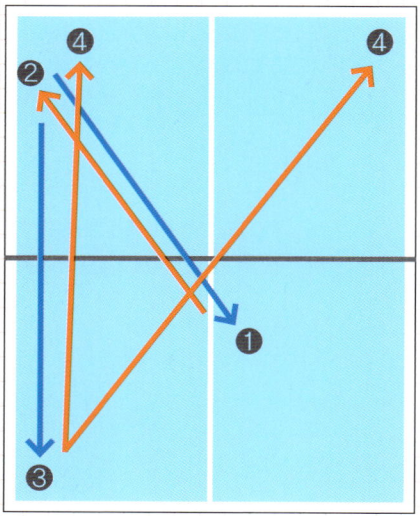

》미들로 짧게 푸시하여 리시브한 경우

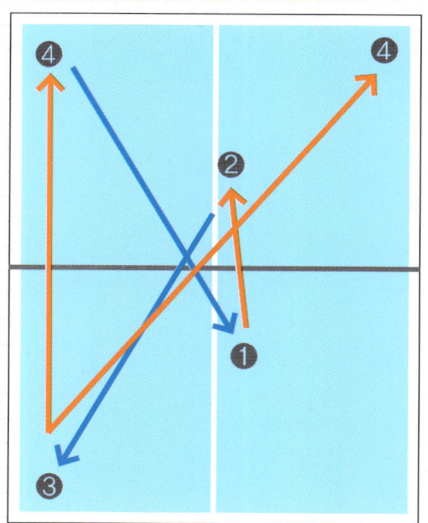

③상대의 푸시가 백사이드로 오면 ④돌아서면서 양 사이드로 톱스핀을 한다.

〉〉 포어사이드로 짧게 푸시하여 리시브한 경우

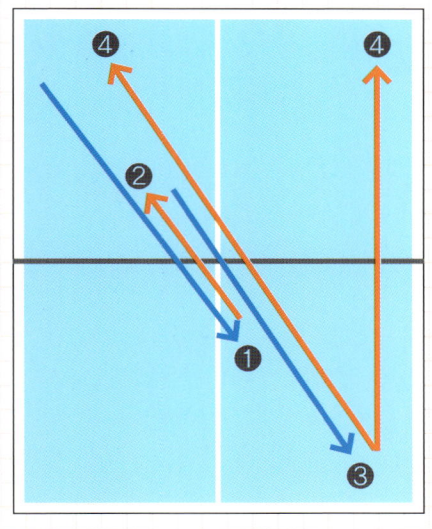

③상대가 포어사이드로 플릭을 하면
④양 사이드로 받아친다.

〉〉 백사이드로 짧게 푸시하여 리시브할 때

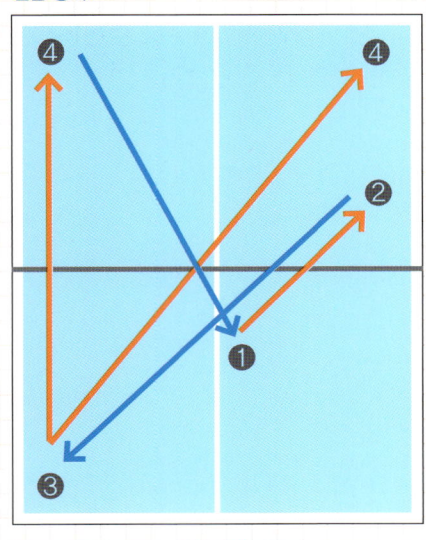

③상대가 백사이드로 플릭을 하면
④양 사이드로 쇼트를 민다.

 현정화의 순간

"오, 코리아!"
벅찬 감격을 함께 나누었던 남북 단일팀
1991년 지바 세계탁구선수권대회

1991년 3월 25일 일본의 작은 기차역에서 남한의 탁구 대표팀과 북한의 대표팀은 역사적인 만남을 가졌다. 지바에서 열리는 세계탁구선수권 대회에 단일팀으로 참가하기 위해서였다.

우리는 한 달 동안 지바 근처에 있는 작은 도시에서 합동 훈련을 한 뒤 16일간 열리는 세계대회에 참가했다. 처음에는 서로의 사상과 문화, 그리고 훈련 방식이 익숙하지 않아 많은 어려움이 있었다. 훈련장에서는 경계의 눈길과 어색한 기운이 감돌았다. 그러나 훈련의 날짜가 하루하루 지날수록 서로의 마음이 열렸고 선수들 사이에 거리감이나 라이벌 의식도 없어지면서 우리는 서서히 한 팀이 되어 갔다.

그리고 드디어 '코리아'라는 이름의 남북 단일팀으로서 하나의 깃발을 흔들며 경기에 출전하게 되었다. 그리고 우리의 목표가 많은 사람들이 기대하고 있는 우승이라는 것을 알게 되었고, 서로에게 진정으로 힘이 되어 주기 위해 노력하며 한 팀의 동료로서 온 마음을 다해 응원했다.

하늘도 감동을 했던 것일까. 우리는 기라성 같이 강력했던 중국을 기적처럼 3 대 2로 격파하며 극적인 우승을 거두었다. 그때의 감격이란! 우리는 서로를 부둥켜안고 한없는 눈물을 흘렸다. 칠천 만의 동포들의 기대에 부흥했다는 안도감과 함께 뜨거운 우승의 감격을 누렸다.

지금도 그 순간을 떠올리면 감정이 북받쳐 오른다. 그때 만났던 북한의 리분희, 유순복 선수와 함께 조남풍 지도자 외 많은 선수들의 얼굴이 그립다.

체력 향상을 위한 웨이트 트레이닝과 스트레칭

부록

웨이트 트레이닝으로
근력을 강화하고 부상을 예방한다

어떤 운동이든지 기초 체력이 탄탄해야 좋은 플레이를 펼치고 실력을 향상시킬 수 있다. 탁구 역시 무조건 공만 친다고 해서 잘되는 것이 아니다. 경기를 하는 데 필수적으로 사용되는 근육들이 강하게 단련되어 있어야 정확하고 날카로운 플레이를 펼칠 수 있다. 다음에 나오는 운동법을 참고하여 탁구에 적합한 근력을 단련시켜보자.

레그 익스텐션 : 다리 근육 단련

풋워크의 스피드를 높이고 스윙에 파워를 배가시키기 위해서는 강력한 하체가 필수적으로 뒷받침되어야 한다. 레그 익스텐션을 통해서 강력한 하체를 만들어보자. 이 운동은 무릎의 탄력을 강화시킨다.

① 자신의 체형에 맞게 의자를 조절해서 앉는다.

② 그대로 다리를 쭉 펴준다. 호흡은 펼 때 내쉬고 구부리면서 들이마시도록 하자.

프론트 풀다운 : 등 근육 단련

등 근육을 단련하여 스윙에 힘을 실을 수 있다.

① 허벅지가 의자와 머신 패드에 잘 고정될 수 있도록 의자를 조정해서 앉고 바를 잡는다.

② 팔을 구부려 가슴까지 바를 쭉 내린다. 팔을 구부리면서 호흡을 들이마시고, 펴면서 내쉰다.

리스트 컬 : 손목 및 아래팔 단련

손목의 힘은 탁구에서 굉장히 중요한 요소이다. 손목의 힘을 길러 강한 랠리를 펼쳐 보자. 아령은 되도록 가벼운 것으로 해야 부상의 위험을 줄일 수 있다.

① 손목을 젖히면서 숨을 들이마신다.

② 그대로 들어 올리면서 숨을 내쉰다. 이때, 팔이 움직이지 않도록 잘 고정해야 한다.

스트레칭으로 유연성을 기른다

몸이 유연해야 탄력 있는 스윙을 할 수 있고 효과적으로 공에 힘을 전달할 수 있다. 뿐만 아니라 격렬한 움직임 때문에 발생할 수 있는 부상 또한 예방할 수 있다. 다음에서 소개하는 스트레칭을 통해서 몸의 유연성을 길러보자.

허리 스트레칭

탁구는 지속적으로 낮은 자세를 유지해야 하고 스윙 시 몸을 틀어주는 동작이 많기 때문에 허리에 무리가 올 수 있다. 틈틈이 허리 스트레칭을 해주어 허리에 가해지는 부담을 덜어주자.

두 다리를 모아서 쭉 펴고 앉은 자세에서 손을 앞으로 뻗어 그대로 숙여준다. 상체를 앞으로 쭉 미는 느낌으로 천천히 실시한다. 무리하지 말고 자신이 할 수 있는 만큼 움직인다. 10초 정도 자세를 유지한다.

양 다리를 최대한 벌려 앉는다. 상체를 한쪽 발 방향으로 숙이면서 발을 향해 양팔을 뻗어준다. 무리하지 말고 가능한 만큼만 하자. 10초 정도 자세를 유지한다. 같은 방식으로 반대쪽도 실시한다.

양 다리를 최대한 벌리고 앉아 그대로 상체를 앞으로 내린다. 이때 양팔은 앞으로 뻗어준다. 10초 정도 자세를 유지하고 제자리로 돌아온다.

바닥에 배를 대고 누운 자세에서 손바닥으로 바닥을 짚고 팔을 세우면서 몸통을 부드럽게 들어 올린다. 이때 시선은 위를 바라본다. 10초 정도 자세를 유지한다.

무릎을 꿇고 앉은 상태에서 팔을 앞으로 쭉 펴면서 앞으로 상체를 눌러주듯이 그대로 낮춘다. 10초 정도 자세를 유지한다.

고관절 스트레칭

탁구는 하체의 움직임이 많은 스포츠이다. 그러므로 하체에 무리가 가지 않도록 틈틈이 스트레칭을 해주어야 한다.

앉은 자세로 양발을 안쪽으로 접어 발을 맞닿게 한다. 몸은 앞으로 살짝 기울이고 모아진 두 발을 두 손으로 잡는다. 그대로 상체를 앞으로 숙여준다. 너무 무리하지 말고 본인이 할 수 있는 만큼만 한다. 10초 정도 자세를 유지해준다.

등을 바닥에 대고 곧게 누워 허리를 편다. 한쪽 다리는 쭉 펴고, 반대쪽 다리는 구부려 양손으로 무릎을 잡아 가슴 쪽으로 천천히 당겨준다. 10초 정도 자세를 유지하고 처음 자세로 돌아간다. 다른 쪽 다리도 같은 방법으로 스트레칭한다.

다리를 쭉 펴고 선 상태에서 그대로 상체를 한쪽 발 방향으로 숙여 손이 발에 닿도록 뻗는다. 10초 정도 자세를 유지한다. 다른 쪽도 같은 방식으로 스트레칭 한다.

양팔을 벌리고 누워 한쪽 다리를 편 상태로 들어 올려 반대 방향으로 보낸다. 왼쪽 다리를 들었다면 오른쪽으로 보내는 방식이다. 이때, 상체는 함께 돌아가는 것이 아니라 그대로 유지하고, 고개는 다리를 보낸 방향과 반대로 돌린다. 움직이지 않은 다리는 가능한 한 몸통과 일직선을 이루도록 한다. 10초 정도 자세를 유지한다.

몸통 스트레칭

오른쪽 다리는 쭉 펴고 왼쪽 다리는 구부려 오른쪽 다리 너머로 발을 디딘다. 오른팔은 왼쪽 무릎 바깥과 맞닿도록 곧게 펴 손바닥으로 바닥을 짚는다. 상체는 왼쪽으로 회전시킨다. 이때, 옆구리와 허리 부분이 당겨지는 느낌이 들어야 한다. 10초 정도 자세를 유지하고 제자리로 돌아온다. 같은 방법으로 반대쪽도 실시한다.

다리를 어깨너비로 벌리고 서서 허리만 좌우로 돌려준다.

어깨, 팔 스트레칭

탁구에 있어서 어깨와 팔은 가장 큰 동작을 담당한다. 준비 운동을 하지 않고 경기를 하면 자칫 부상을 입을 수도 있으니 반드시 스트레칭으로 몸을 풀어준 후 운동을 시작하자.

팔을 구부린 상태로 머리 뒤로 올리고 한쪽 팔꿈치를 다른 팔로 잡아당긴다. 어깨 부분이 당겨지는 느낌이 들 정도로만 당기고 너무 무리하지 않는다. 10초 정도 자세를 유지하고, 반대쪽도 같은 방법으로 실시한다.

가슴 앞에서 한쪽 팔을 쭉 펴고 다른 팔로 쭉 펴진 팔을 감싸 구부린다. 그 상태로 어깨의 당김이 느껴지도록 당겨준다. 10초 정도 자세를 유지하고, 반대쪽도 같은 방법으로 실시한다.

목 스트레칭

목 근육이 뭉치면 어깨 근육도 같이 뭉칠 수 있으므로 꼼꼼이 스트레칭하여 목 근육을 풀어주자.

한쪽 손을 반대쪽 귀 부근에 올려놓고 목을 부드럽게 당겨 목 근육을 늘인다. 10초 정도 동작을 유지한다.

양손으로 머리 뒷부분을 잡고 앞으로 천천히 당겨준다. 고개를 숙이면서 뒷목이 당겨지는 느낌이 들도록 해준다. 천천히 원위치로 돌아온 다음 양손을 모아서 엄지로 턱 부분을 받치고 그대로 위로 천천히 올려준다. 마음속으로 10을 세면서 자세를 유지한다.

탁구 관련 용어

- 게임(Game) – 경기.
- 그립(Grip) – 라켓을 쥐는 모양, 방법.
- 글루 테스트(Glue Test) – 접착제 검사.
- 너클(Knuckle) – 무회전. 회전이 걸리지 않는 타법.
- 네트 어셈블리(Net Assembly) – 네트와 지주를 포함한 전체. 양 지주 사이의 길이는 183cm이고 높이는 15.25cm이다.
- 네트 플레이(Net Play) – 네트 근처의 짧고 낮은 공을 처리하는 기술.
- 더블스(Doubles) – 복식 경기.
- 도핑 컨트롤(Doping Control) – 금지 약물 검사(도핑 테스트).
- 듀스(Deuce) – 11점제에서 10 : 10 상황. 이후 2점을 얻어야 승패가 결정됨.
- 드로우(Draw) – 추첨.
- 드롭 쇼트(Drop Short) – 스톱 쇼트와 같이 상대 공의 스피드를 죽여 아래로 떨어지게 하는 타법.
- 드리블(Dribble) – 공이 라켓에 두 번 닿았을 때를 말함. 반칙.
- 디키(Dickey) – 등 번호판.
- 디펜스(Defence) – 수비, 방어.
- 라운드 라켓(Round Racket) – 원형 라켓.
- 라이트스핀(Right Spin) – 우회전, 타구한 사람의 오른쪽 방향으로 공이 돌아가는 것.
- 라켓 커버링(Racket Covering) – 라켓판에 붙이는 고무.
- 라켓 컨트롤(Racket Control) – 라켓 검사.
- 라켓 핸드(Racket Hand) – 라켓을 쥔 손.
- 랠리(Rally) – 서로 계속해서 타구하는 것.
- 러브 올(Love All) – 탁구에서 처음 경기를 시작할 때, 양 선수가 0 : 0 이라는 심판의 구호.
- 레프트스핀(Left Spin) – 좌회전, 타구한 사람의 왼쪽으로 공이 돌아가는 것.
- 렛(Let) – 경기 중이 아닌 상황. 노 플레이(No-play)라고도 함.
- 로빙(Lobbing) – 탁구대에서 떨어져 공을 높이 올려 수비하는 기술.
- 롱 플레이(Long Play) – 탁구대에서 떨어져서 길게 랠리하는 경기 방법.
- 루프 톱스핀(Loop Topspin) – 공의 아랫면에 라켓을 최대한 격렬하게 마찰시켜 전면으로 강한 전진회전을 거는 기술.
- 리시버(Receiver) – 서브를 받는 사람.
- 리시브(Receive) – 서브를 받는 것. 제2구.
- 리턴(Return) – 되돌려 치는 것.
- 매치(Match) – 단체전이나 개인전에서 5게임 또는 7게임을 묶어서 1매치라고 함.
- 매치 포인트(Match Point) – 경기가 끝나기 직전 최후의 1점.
- 무브드 테이블(Moved Table) – 탁구대를 움직인 경우. 실점 처리됨.
- 미들(Middle) – 탁구대의 중앙 또는 경기자의 몸 쪽.
- 믹스 더블스(Mix Doubles) – 혼합(남녀) 복식.
- 바디워크(Body work) – 몸의 움직임.
- 발리(Volley) – 공이 탁구대에 바운드되기 전에 치는 것.
- 백사이드(Back Side) – 라켓을 쥐지 않은 쪽의 코트.
- 백숏어택(Backshort Attack) – 백핸드로 공을 강하게 앞으로 미는 기술.
- 백스윙(Back Swing) – 준비자세에서 타구하기 위하여 라켓을 뒤로 빼는 동작.
- 백스핀(Back Spin) – 후퇴회전. 하회전. 푸시(Push). 촙(Chop) 이라고도 함.
- 백핸드 스트로크(Backhand Stroke) – 라켓을 쥐지 않은 팔의 방향에서 타구하는 것(오른손잡이는 왼쪽 방향에서, 왼손잡이는 오른쪽 방향에서 타구하는 것).
- 백핸드 톱스핀(Backhand Topspin) – 백핸드로 전진회전을 거는 타법.
- 보스 푸시(Both Push) – 쌍방이 탁구대 위에서 서로 푸시하는 것.
- 볼(Ball) – 무게 2.7g. 직경 40mm. 흰색 혹은 오렌지색의 셀룰로이드 공.
- 블레이드(Blade) – 라켓판 자체(고무가 없는 판).
- 블로킹(Blocking) – 상대가 강한 스매시나 강한 회전구로 공격해 올 때 전진해서 방어하는 기술.
- 사이드라인(Side Line) – 탁구대의 세로줄.

- 사이드스핀(Side Spin) – 횡회전. 공의 측면을 쓸어쳐서 회전을 거는 타법.
- 샌드위치 러버(Sandwich Rubber) – 스펀지와 돌출 러버를 붙여서 만든 러버.
- 서버(Server) – 서비스를 넣는 사람.
- 서비스(Service) – 경기에서 제1구.
- 서포트(Support) – 네트를 지탱하고 있는 지주.
- 세미 파이널(Semi Final) – 준결승전.
- 셰이크핸드(Shake Hand) – 라켓을 악수하듯 쥐는 모양.
- 센터라인(Center Line) – 복식 경기 시 서브 넣는 구역을 위해 중앙에 그어놓은 선.
- 셰도우 플레이(Shadow Play) – 실전을 염두에 두고 실전처럼 움직이며 공 없이 타구하는 연습 방법.
- 소프트 러버(Soft Rubber) – 표면이 매끈매끈한 평면 러버. 스무스 러버와 같음.
- 쇼트(Short) – 백핸드로 짧게 밀거나 치는 타법.
- 스매시(Smash) – 강타. 가장 강하게 치는 것.
- 스무스 러버(Smooth Rubber) – 표면이 매끈매끈한 평면 러버.
- 스윙(Swing) – 라켓을 휘두르는 것. 공을 치는 동작.
- 스카이 서비스(Sky Service) – 공을 높이 던져 올려 하는 서브(하이 토스 서비스).
- 스코어 시트(Score Sheet) – 점수 기록지. 경기 결과 기록지.
- 스퀘어 라켓(Square Racket) – 각형 라켓. 펜홀더로 그립하며 주로 아시아 지역에 많음.
- 스타일(Style) – 전형. 전법의 모양을 일컫는 말.
- 스탠스(Stance) – 발의 자세.
- 스텝백(Step Back) – 타구 후 발을 뒤로 빼는 동작.
- 스톱 쇼트(Stop Short) – 공이 앞으로 나가지 않게 백핸드로 짧게 치는 타법. 블록 쇼트라고도 함.
- 스트레이트(Straight) – 엔드라인에 대하여 직선 코스.
- 스트로크(Stroke) – 공을 치는 것.
- 스트로크 카운터(Stroke Counter) – 경기 촉진 제도 시행 시 리시브의 스트로크 횟수를 헤아리는 사람.
- 시드(Seed) – 대진표 작성 시 강자(팀)를 마지막에 대전하도록 나누어 짜는 것.
- 싱글스(Singles) – 단식.
- 안티스핀 러버(Anti-spin Rubber) – 회전이 걸리지 않는 러버.
- 어시스턴트 엄파이어(Assistant Umpire) – 보조 심판. 부심.
- 어시스턴트 코치(Assistant Coach) – 보조 코치. 부코치.
- 어택(Attack) – 공격성 타구. 공격.
- 엄파이어(Umpire) – 심판. 주심.
- 엑스피디어트 시스템(Expedite System) – 경기 촉진 제도.
- 엔드(End) – 끝. 탁구에서는 한쪽 코트를 의미함.
- 엔드라인(End Line) – 탁구대의 가로줄.
- 오소독스 러버(Orthodox Rubber) – 스펀지가 없는 한 장짜리의 얇은 천연 돌출 러버.
- 오픈 스탠스(Open Stance) – 엔드라인과 평행으로 서 있는 발의 자세.
- 오픈핸드 서비스(Open Hand Service) – 손바닥을 펴고 넣는 서브.
- 오피셜 볼(Official Ball) – 공인구.
- 올 라운드 플레이어(All Round Player) – 다양한 기술과 전술을 구사하는 선수.
- 올 사이드(All Side) – 연습 전 코트를 다 사용하는 연습.
- 옵스트럭스(Obstructs) – 방해. 방해물.
- 위스트 워크(Wrist Work) – 손목의 움직임.
- 이미지 트레이닝(Image Training) – 기술과 전술을 상상으로 생각하며 익히는 훈련법.
- 인디비쥬얼 게임(Individual Game) – 개인전(단, 복식 포함).
- 임팩트(Impact) – 라켓으로 공을 타구하는 순간. 지점.
- 주니어 챔피온쉽(Junior Championship) – 만 17세까지의 대회.
- 촙(Chop) – 후퇴회전으로 푸시와 같은 의미. 유럽에서는 푸시라는 용어보다 촙을 즐겨 씀.
- 카데트 챔피언쉽(Cadet Championships) – 일반적으로 14세 미만의 대회를 일컬음.

탁구 용어

- 카운터 어택(Counter Attack) – 역습. 상대의 공격구를 되받아 치는 것.
- 컨솔레이션 매치(Consolation Match) – 1회전에서 탈락한 선수를 위하여 위로하는 차원에서 만든 번외 경기.
- 코스(Course) – 공이 진행하는 방향.
- 코트(Court) – 경기장. 경기 구역.
- 콜(Call) – 심판의 판정에 따른 외침.
- 쿼터 파이널(Quarter Final) – 준준결승. 8강전.
- 퀄리파잉 스테이지(Qualifying Stages) – 예선 경기
- 크로스(Cross) – 대각선 방향.
- 클로즈 스탠스(Close Stance) – 발의 자세가 탁구대 엔드라인에 대해서 비스듬히 선 자세.
- 타월링(Towelling) – 땀을 닦는 것. 양쪽 스코어의 합계가 6의 배수일 때마다 가능함.
- 타임 아웃(Time Out) – 경기 중 선수나 코치가 휴식 혹은 작전 지시를 위해 갖는 1분간의 시간.
- 톱 스트로크(Top Stroke) – 공의 윗면을 치는 타법.
- 톱스핀(Top Spin) – 공의 윗면을 앞으로 스쳐 회전을 걸어 빠르게 전진하도록 하는 타법(드라이브).
- 택틱스(Tactics) – 전술. 전법.
- 테이블(Table) – 탁구대. 길이 274cm, 폭 152.5cm, 높이 76cm의 목재로 만들어짐. 윤이 나지 않는 어두운 색깔로 이루어짐.
- 토스(Toss) – 서브나 엔드를 결정하기 위하여 심판이 택(Tack)을 던져 올리는 것.
- 트리밍(Trimming) – 라켓의 가장자리에 손상을 막기 위해 붙이는 테이프 등의 부품.
- 팀 매치(Team Match) – 단체전.
- 팀 이벤트(Team Event) – 단체 경기.
- 팔로스루(Follow Through) – 공을 치고 난 직후부터 피니시까지의 자연스러운 스윙 상태.
- 페널티(Penalty) – 반칙의 벌점.
- 페어(Pair) – 복식에서의 짝. 한 쌍.
- 페이크 플레이(Fake Play) – 상대가 생각지 못한 의표를 찌르는 일종의 속임 수법.
- 페인트 러버(Faint Rubber) – 일반적인 고무보다 연질의 고무.
- 펜홀더(Pen Holder) – 라켓을 펜 쥐듯이 쥐는 그립.
- 포어사이드(Fore Side) – 라켓을 쥔 쪽의 하프 코트.
- 포핸드 스트로크(Fore Hand Stroke) – 라켓을 쥔 팔의 방향에서 타구하는 것.
- 폴트(Fault) – 규정 위반.
- 푸시(Push) – 공에 후퇴회전(하회전)을 걸어 치는 타법. 촙과 같음.
- 푸시 스트로크(Push Stroke) – 공을 후퇴회전시켜 치는 타법.
- 풀스윙(Full Swing) – 팔과 몸 전체로 하는 스윙.
- 풋워크(Foot Work) – 발의 움직임.
- 프리 핸드(Free Hand) – 라켓을 쥐지 않은 손.
- 플릭(Flick) – 네트 부근의 짧고 낮은 공을 손목을 이용하여 가볍게 타구하는 것.
- 피니시(Finish) – 타구를 하고 난 후. 최종적인 상태.
- 피봇(Pivot) – 중심축. 축으로 회전함.
- 핌플 러버(Pimple Rubber) – 표면에 돌기가 나와 있는 고무.
- 하이 토스 서비스(High Toss Service) – 공을 높이 던져 올려 하는 서브.
- 하프 발리(Half Volley) – 탁구대에 공이 바운드한 후 정점까지 가기의 절반 정도에서 타구하는 것.
- 하프 코트(Half Court) – 중앙선을 중심으로 한 좌우 양 구역.

탁구 도구 및 경기 관련 규칙

※국제탁구연맹(ITTF) 제2장 탁구 규칙 전문임.

2.1 탁구대

2.1.1 시합 표면이 되는 탁구대의 윗면은 길이 2.74m, 너비 1.525m의 직사각형 모양이 되어야 하며 바닥에서 76cm 높이에 수평면으로 놓여있어야 한다.

2.1.2 탁구대 윗면의 옆부분은 시합 표면에 포함되지 않는다.

2.1.3 시합 표면은 재료에 있어 제한이 없으나 공인구를 30cm 높이에서 떨어뜨렸을 때 약 23cm로 균일하게 튀어 올라야 한다

2.1.4 시합 표면은 무광의 균일한 어두운 색으로 하며, 2.74m의 가장자리를 따라 2cm 너비의 사이드라인과 1.525m의 가장자리를 따라 2cm너비의 엔드라인은 흰색으로 한다.

2.1.5 시합 표면은 엔드라인과 평행으로 설치한 수직 네트에 의해 두 개의 동일한 코트로 나누어지며 양 코트 표면 모두를 포함한다.

2.1.6 복식에서 각 코트는 사이드라인과 평행인 3mm 너비의 흰색 센터 라인에 의해 두 개의 동일한 코트로 나누어지며 센터 라인은 오른쪽 하프 코트의 일부로 간주한다.

2.2 네트 어셈블리

2.2.1 네트 어셈블리는 네트, 지주, 지주봉으로 구성되며 탁구대에 이들을 부착하는 죔쇠도 포함한다.

2.2.2 네트는 양쪽 끝에 있는 높이 15.25cm의 수직 봉에 부착된 끈을 이용하여 설치되며 수직 봉의 외부 한계는 사이드 라인으로부터 15.25cm로 한다.

2.2.3 네트의 높이는 길이 전체가 시합 표면으로부터 15.25cm로 한다.

2.2.4 네트의 밑바닥은 길이 전체가 시합 표면에 최대한 가깝게 해야 하며 네트의 양쪽 끝은 지주봉에 아래부터 위까지 부착되어야 한다.

2.3 공

2.3.1 공은 구 형태로 지름은 40mm이어야 한다.

2.3.2 공의 무게는 2.7g이어야 한다.

2.3.3 공은 셀룰로이드 또는 이와 유사한 플라스틱의 재질로 하며, 무광의 흰색 또는 오렌지색이어야 한다.

2.4 라켓

2.4.1 라켓은 크기, 모양, 무게에는 제한이 없으며 블레이드는 평평하고 단단해야 한다.

2.4.2 블레이드 두께의 최소 85%는 원목으로 해야 하며, 블레이드 내부의 접착층은 카본 섬유, 유리섬유와 같은 섬유 소재 혹은 압축 용지 등으로 강화할 수 있으나 전체 두께의 7.5% 또는 0.35mm를 초과해서는 안 된다.

2.4.3 공을 치는 면은 접착제를 포함하여 2mm 이하의 핌플이 밖으로 향해있는 러버(ordinary pimpled rubber)를 씌우거나 또는 핌플이 안으로 향한 것이든 밖으로 향한 것이든 접착제를 포함하여 4mm 이하의 샌드위치 러버(sandwich rubber)를 씌운다.

2.4.3.1 보통의 핌플 러버(ordinary pimpled rubber)는 천연 또는 합성 소재로 스폰지가 없는 단층의 러버이며, 돌기가 표면에 고르게 분포된 것으로 밀도는 스퀘어 센티미터당 10 이상 30 미만이어야 한다.

2.4.3.2 샌드위치 러버란 단일층의 스펀지(세포처럼 공간을 가진 조직)에 두께가 2mm 이내의 돌출 고무의 한 쪽 면으로 덮여 있는 것을 말한다.

2.4.4 커버링은 블레이드 전체를 덮되 블레이드보다 커서는 안 된다. 단, 손잡이 가까이 손가락으로 잡히는 부분은 아무것도 붙이지 않거나 혹은 어떤 재료를 붙여도 된다.

2.4.5 공을 치기 위해 사용되는 블레이드, 블레이드 내부의 모든 층, 커버링의 모든 층, 접착제 등은 모두 균일한 두께가 되도록 한다.

2.4.6 블레이드에 커버링을 부착한 면 혹은 커버링을 하지 않은 면은 무광의 밝은 적색으로 하고 다른 쪽은 검은색으로 한다.

2.4.7 라켓 커버링은 물리적, 화학적 또는 다른 변형을 하지 않고 사용해야 한다.

2.4.7.1 우발적인 손상이나 마모로 인해 커버링 색상의 균일성이나 표면의 연속성에 약간의 변형이 생겼을 경우, 커버링 표면의 특성에 심각한 변화를 가져오지 않은 이상 그 사용을 허용한다.

2.4.8 시합 시작 전이나 시합 중에 선수가 라켓을 바꿀 때는 언제나 상대 선수와 주심에게 사용하려고 하는 라켓을 보여주어 검사할 수 있도록 해야 한다.

2.5 용어의 정의

2.5.1 '랠리(rally)'란 공이 경기 중에 있는 상태를 말한다.

2.5.2 공이 "경기 중(in play)"에 있다는 것은 프리핸드의 손바닥 위에 정지되어 있던 공을 서비스를 위해 의도적으로 던지기 전, 마지막 순간부터 랠리가 렛이나 포인트로 선언되기까지를 말한다.

2.5.3 '렛(let)'은 랠리의 결과가 득점되지 않은 것을 말한다.

2.5.4 '포인트(point)'는 랠리의 결과가 득점된 것을 말한다.

2.5.5 '라켓 핸드(racket hand)'란 라켓을 잡은 손을 말한다.

2.5.6 '프리 핸드(free hand)'는 라켓을 잡지 않은 손을 말하며 '프리 암(free arm)'은 프리핸드 쪽의 팔을 말한다.

2.5.7 '공을 친다는 것(strike)'은 선수가 경기 중에 손에 잡고 있는 라켓이나 라켓 핸드의 손목 아래 부분으로 공을 건드리는 것을 말한다.

2.5.8 '공을 방해한다(obstruct)'는 것은 상대 선수가 친 공이 시합 표면 위에 있거나 시합 표면을 향하고 있을 때, 그 공이 자신의 코트에 닿기 전에 자신 또는 자신이 착용하고 있거나 소지하고 있는 어떤 것으로든 공을 건드리는 것을 말한다.

2.5.9 '서버(server)'란 랠리에서 공을 첫 번째로 치게 되어있는 선수를 말한다.

2.5.10 '리시버(receiver)'란 랠리에서 공을 두 번째로 치게 되어있는 선수를 말한다.

2.5.11 '주심(umpire)'은 경기를 진행하도록 임명된 사람을 말한다.

2.5.12 '부심(assistant umpire)'은 주심의 결정을 보조하기 위해 임명된 사람을 말한다.

2.5.13 '선수가 착용 또는 소지하고 있는(wear or carry) 물품'이란 랠리 시작 시에 공을 제외하고 선수가 입고 있거나 소지하고 있는 모든 것을 말한다.

2.5.14 '엔드 라인(end line)'은 양방향으로 무한정 확대되는 것으로 간주한다.

2.6 서비스

2.6.1 서비스는 공이 서버의 정지된 프리 핸드의 펼쳐진 손바닥 위에 자유롭게 놓인 상태에서 시작되어야 한다.

2.6.2 서버는 수직에 가깝도록 위로 공을 띄우되 회전이 일어나지 않도록 해야 하고, 공이 프리 핸드의 손바닥에서 떠난 후 적어도 16cm 이상의 높이로 올라갔다가 서버가 공을 치기 전에 어떠한 것에도 닿지 않고 내려와야 한다.

2.6.3 공이 내려올 때 서버는 공이 서버의 코트에 먼저 닿은 후 리시버의 코트에 곧바로 닿도록 쳐야 한다. 복식에서는 공이 서버와 리시버의 오른쪽 하프 코트에 연속적으로 닿아야 한다.

2.6.4 서비스가 시작된 순간부터 공이 라켓에 맞는 순간까지, 공은 시합 표면 위와 서버의 엔드 라인 뒤에 있어야 하며, 서버나 그의 복식 파트너의 착용품이나 소지품에 의해 공이 리시버에게 가려져서는 안 된다.

2.6.5 서버의 프리 암(free arm)과 손은 볼을 띄운 즉시 공과 네트 사이의 공간에서 치워져야 한다. '공과 네트 사이의 공간이란' 공과 네트, 그리고 네트의 위쪽으로 무한 확장된 것으로 정의된다.

2.6.6 주심 또는 부심으로 하여금 서비스가 해당 규정의 요건을 따르고 있는지 만족할 수 있도록 서브하는 것은 서버의 의무이다. 주심이나 부심은 규정의 요구사항에 따라 서비스가 올바르지 않다는 것을 둘 중 누구나 결정할 수 있다.

2.6.6.1 주심 또는 부심이 서비스의 적법성에 대해 의심이 될 경우에는 해당 매치의 첫 번째 경우에 한해서 경기를 중단시키고 서버에게 경고를 줄 수 있다. 그러나 같은 선수 또는 그 선수의 복식 파트너가 적법성에 의심스러운 서비스를 경고 이후에 시도할 경우에는 부정 서비스로 간주한다.

2.6.7 선수의 신체적 장애로 규정 준수가 어려울 경우, 주심은 예외적으로 올바른 서비스의 요건을 완화시켜 줄 수 있다.

2.7 리턴

2.7.1 서브한 공이나 리턴된 공은 직접 또는 네트 어셈블리에 닿은 후 상대 선수의 코트에 맞도록 쳐야 한다.

2.8 경기 순서

2.8.1 단식에서는 서버가 먼저 서비스를 하고 리시버는 리턴하며 이후에는 서버와 리시버가 번갈아 가며 리턴한다.

2.8.2 복식에서는 2.8.3의 경우를 제외하고 서버가 먼저 서비스를 하고 리시버가 리턴을 하면 서버의 파트너가 리턴하고 그 다음으로 리시버의 파트너가 리턴을 한다. 이후에는 각 선수가 순서에 맞게 교대로 리턴한다.

2.8.3 복식에서는 복식 조의 한 명 이상의 선수가 신체적 장애 때문에 휠체어를 탄 상태에서 경기를 할 때 서버가 먼저 서비스를 넣고 리시버가 리턴을 하고 난 후에는 장애 선수가 속한 조의 양쪽 선수 중 누구라도 리턴을 할 수 있다.

2.9 렛

2.9.1 다음의 랠리는 렛이 된다.

2.9.1.1 서비스할 때 공이 네트 어셈블리를 건드린 경우. 단 공이 네트 어셈블리에 닿은 것을 제외하면 올바른 서비스였거나 리시버 혹은 그의 파트너에 의해 방해를 받은 경우여야 한다.

2.9.1.2 리시브하는 선수 또는 조가 준비되지 않는 상태에서 서비스가 이루어진 경우. 단, 리시버나 그의 파트너가 볼을 치려고 시도하지 않은 경우여야 한다.

2.9.1.3 서비스나 리턴을 하지 못했거나 규정을 준수하지 못한 것이 선수가 통제할 수 없는 상황에 의해 발생했을 경우.

2.9.1.4 경기가 주심이나 부심에 의해 방해를 받은 경우.

2.9.1.5 신체적인 장애로 인해 리시버가 휠체어를 타고 있는 상황에서 서비스를 할 때, 아래 상황이 발생하면 렛이 된다.

2.9.1.5.1 공이 리시버의 코트에 바운드된 뒤 네트 방향으로 돌아올 경우.

2.9.1.5.2 공이 리시버의 코트 위에 멈춰 섰을 경우.

2.9.1.5.3 (단식에서) 공이 리시버의 코트에 바운드 된 뒤 양 사이드 라인 중 하나를 벗어났을 경우.

2.9.2 다음의 경우에는 경기를 중단시킬 수 있다.

2.9.2.1 서빙, 리시빙의 순서 또는 엔드의 잘못을 교정시키고자 할 때.

2.9.2.2 경기 촉진제를 적용하고자 할 때.

2.9.2.3 선수나 조언자에게 경고나 처벌을 주고자 할 때.

2.9.2.4 랠리의 결과에 영향을 줄 정도로 경기 조건이 방해받았을 때.

2.10 점수

2.10.1 랠리가 렛이 아닌 경우 선수는 다음과 같은 경우에 득점하게 된다.

2.10.1.1 상대방 선수가 올바른 서비스를 실패했을 때.

2.10.1.2 상대방 선수가 올바른 리턴을 실패했을 때.

2.10.1.3 선수가 서브나 리턴을 한 후 만약 상대방 선수가 공을 치기 전에 네트 어셈블리 이외의 다른 것에 공이 닿았을 때.

2.10.1.4 상대편 선수가 친 공이 자신의 코트에 닿지 않고 코트 위 또는 엔드 라인을 넘어갔을 때.

2.10.1.5 만약 상대방이 친 공이 네트를 통과하거나 또는 네트와 네트 지주대 사이, 네트와 시합 표면 사이를 통과할 경우.

2.10.1.6 상대편 선수가 공을 방해했을 때.

2.10.1.7 상대편 선수가 2.4.3항, 2.4.4항 그리고 2.4.5항의 조건에 맞지 않는 라켓판의 면으로 공을 쳤을 때.

2.10.1.8 상대편 선수가 고의적으로 1회를 초과하여 연속적으로 공을 쳤을 때.

2.10.1.9 상대편 선수 또는 상대편 선수의 착용품이나 소지품에 의해 시합 표면이 이동되었을 때.

2.10.1.10 상대편 선수 또는 상대편 선수의 착용품이나 소지품이 네트 어셈블리를 건드렸을 때.

2.10.1.11 상대편 선수의 프리 핸드가 시합 표면을 건드렸을 때.

2.10.1.12 복식에서 상대편이 첫 번째 서버와 리시버로 확정된 순서를 어기고 공을 쳤을 때.

2.10.1.13 경기 촉진제에서의 득점은 (2.15.4 조항)이 정하는 바에 따른다.

2.10.1.14 양 선수 또는 조가 신체적 장애로 인해 휠체어에 앉아서 경기를 할 경우.

2.10.1.14.1 상대편이 공을 치는 순간 허벅지의 뒤쪽이 의자 또는 쿠션과 최소한의 접촉 면적을 유지하지 못했을 때.

2.10.1.14.2 상대편이 공을 치기 전에 양쪽 어느 손으로든 탁구대를 건드렸을 때.

2.10.1.14.3 상대편의 휠체어 발판이나 발이 경기 중 바닥에 닿았을 때.

2.10.1.15 상대편 복식조에 최소 한 명의 휠체어를 탄 선수가 있을 경우, 휠체어의 일부분이나 스탠딩 선수의 발이 탁구대 센터 라인의 가상 연장선을 넘어섰을 때.

2.11 게임

2.11.1 10:10이 아닌 상황에서 11포인트를 먼저 획득하는 선수 또는 조가 게임을 이기게 된다. 10:10의 상황, 또는 그 이후 동점에서는 2점을 먼저 앞서는 선수 또는 조가 게임을 이기게 된다.

2.12 매치

2.12.1 매치는 홀수 게임의 X 선승제로 이루어진다(예: 7전 4선승제, 5전 3선승제).

2.13 서빙, 리시빙, 엔드의 순서

2.13.1 서빙, 리시빙, 엔드의 첫 순서를 선택할 권리는 추첨으로 결정하며 승자가 서브, 첫 리시브 또는 특정 엔드에서 시작할 것인가를 선택한다.

2.13.2 선수 또는 조가 서브 또는 리시브를 먼저 하기로 선택하였거나 또는 특정 엔드에서 시작하기로 선택한 경우, 상대 선수 또는 조는 다른 것의 선택권을 갖는다.

2.13.3 2포인트를 득점할 때마다 리시브하던 선수 또는 조가 서비스 선수 또는 조가 되며 게임이 끝날 때까지 이 방식을 계속한다. 양 선수 또는 조가 모두 10포인트를 득점한 경우나 경기 촉진제를 시행하고 있는 경우는 예외로서 이때는 서빙과 리시빙의 순서는 같은 방식이나 서브는 1점마다 바꾼다.

2.13.4 복식에서 매 게임 시 우선 서브권을 가진 조는 누가 먼저 서브할 것인가를 선택하고 매치의 첫 게임 시에 리시브 조는 누가 리시브를 먼저 할 것인지 결정한다. 두 번째 게임부터는 첫 서버를 결정하고 나면 이전 게임에서 그 선수에게 서비스를 한 선수가 첫 리시버가 된다.

2.13.5 복식에서는 서비스가 바뀔 때마다 이전의 리시버는 서버가 되며 이전 서버의 파트너가 리시버가 된다.

2.13.6 게임에서 먼저 서비스한 선수나 조는 후속 게임에서 먼저 리시브를 하게 되며, 복식 매치의 마지막 게임에서는 어느 조든 5포인트를 먼저 획득한 경우 리시브 조는 리시빙 순서를 바꾼다.

2.13.7 게임에서 어느 한쪽 엔드에서 시작한 선수 또는 조는 매치의 후속 게임에서는 다른 엔드에서 시작하며 매치의 마지막 게임에서는 어느 선수나 조가 먼저 5포인트를 획득한 경우 엔드를 바꾼다.

2.14 서빙, 리시빙, 엔드의 순서 뒤바뀜

2.14.1 순서를 지키지 않고 선수가 서브 또는 리시브를 한 경우, 주심은 오류가 발견되는 즉시 경기를 중단시키고 현재의 점수에서 매치 초기에 정해진 순서에 따라 경기를 재개한다. 복식에서는 오류가 발견된 게임에서 먼저 서브할 권리를 가진 조가 선택한 순서에 따라 경기를 한다.

2.14.2 선수가 엔드를 바꾸어야 함에도 바꾸지 않은 경우 주심은 오류가 발견되는 즉시 경기를 중단시킨 다음 현재의 점수에서 매치 초기에 결정된 순서에 따라 엔드를 바로잡은 후 경기를 재개시킨다.

2.14.3 오류가 발견되기 전에 획득한 포인트는 어떤 경우라도 모두 인정된다.

2.15 경기 촉진제

2.15.1 '경기 촉진제'는 2.15.2항에 명시된 경우는 제외하고 게임 시작 후 10분이 되었거나 또는 시간에 관계없이 양쪽 선수 또는 복식조의 요청이 있을 경우에 시행한다.

2.15.2 경기 촉진제는 게임 중 양 선수나 조가 득점한 점수의 합이 적어도 18점이 되면 시행하지 않는다.

2.15.3 제한 시간이 되었을 때 공이 랠리 중에 있고 경기 촉진제를 시행할 예정이라면 주심은 경기를 중단시키고 중단된 랠리에서 서브한 선수가 서브하도록 하여 경기를 재개시킨다. 경기 촉진제가 시행되는 시점에 공이 랠리 중에 있지 않다면 직전 랠리에서 리시브했던 선수가 서브하도록 하여 경기를 재개시킨다.

2.15.4 그 이후 각 선수는 게임이 끝날 때까지 1포인트씩 교대로 서브한다. 그리고 리시브하는 선수 또는 조가 13개의 리턴에 성공하면 리시버는 1포인트를 획득한다.

2.15.5 (2.13.6)에서 정의한 바와 같이 경기 촉진제의 시행이 해당 매치 내에서 서빙, 리시빙 순서를 바꾸지 않는다.

2.15.6 경기 촉진제가 일단 시행되면 매치가 끝날 때까지 경기 촉진제를 계속 유지한다.

쉬어가기

애매한 사항에 대한 규정 및 주의사항

경기 중 애매한 상황에 대한 규정

- 날아온 공이 나의 손에(손목을 포함한 손가락) 맞고 상대 코트에 들어가면 유효하다.
- 공이 라켓에 순간적으로 두 번(혹은 그 이상) 맞거나, 손에 맞은 후 라켓에 맞고 상대 코트에 들어간 경우도 유효하되, 한 번의 스윙에서 이루어진 투터치(혹은 그 이상)만 유효하다.
- 탁구대의 사이드라인 쪽에서 친 공이 네트를 넘지 않고 지주 옆으로 돌아 코트에 들어가는 경우도 유효하다.
- 타구한 공이 상대의 코트에 들어간 후 상대의 라켓에 맞지 않고 네트를 넘어 내 코트에 바로 들어오면 나의 득점으로 인정된다.
- 공을 타구한 후 신체로 네트를 건들거나, 몸이나 다리로 테이블을 밀어 움직이거나, 손바닥으로 탁구대를 짚고 타구하면 실점하게 된다.
- 거리가 멀어 공을 쫓아가기 어려울 때 라켓을 프리 핸드로 바꾸어 쥐고 처리하는 것은 유효하지만, 라켓을 던져 타구하면 실점 처리된다.
- 소리를 지르거나 심한 몸동작으로 현혹시키는 등 상대 선수가 타구할 때 고의적으로 방해하면 실점 처리된다.
- 경기의 흐름에 잘못이 있을지라도 심판의 콜이 없는 상황에서 자신의 판단에 따라 공을 손으로 잡거나 플레이를 중지하면 실점이 된다. 반드시 심판의 콜이 있을 때까지는 플레이를 지속해야 한다. 다만 랠리 중이라도 손을 들어 잘못된 것에 대한 의사를 표현할 수는 있다.

경기 중 실점을 유발할 수 있는 행위

- 의도적으로 시간을 지연시켜 경기 흐름을 방해하거나 심판의 경기 진행을 방해하는 행위.
- 공을 손이나 발로 망가뜨려 사용을 불가하게 하거나 라켓과 발등을 사용하여 의도적으로 펜스나 경기장 밖으로 공을 거칠게 날리는 행위.
- 선수가 화를 이기지 못해 주먹이나 라켓, 혹은 발로 테이블과 펜스를 가격하는 행위.
- 의도적으로 상대 선수나 팀, 심판과 관중에게 위협적인 행동을 하거나 큰소리를 치고 욕설을 하는 행위.

이상과 같이 탁구 경기의 품격을 떨어뜨리고 원활한 경기 진행을 고의적으로 방해하는 행위는 심판이나 경기 총 진행자의 경고를 받은 후 다시 번복될 시 1점, 그 다음에는 2점 실점 처리된다.

촬영 총괄 **현 정 화**
촬　　영 **김 경 채** (vajrastudio@gmail.com)
모　　델 **이 장 호** (국군 체육부대 소속)
　　　　 이 현 주 (한국 마사회 소속)
　　　　 서 효 원 (한국 마사회 소속)
　　　　 이 정 삼 (에스오일 소속)

용품 협찬 ㈜참피온 (www.champion.co.kr Tel 02-6323-5451)

CHAMPION. XIOM

현정화의 퍼펙트 탁구교본

2판 1쇄 | 2023년 7월 24일
2판 4쇄 | 2025년 12월 29일
지 은 이 | 현 정 화
발 행 인 | 김 인 태
발 행 처 | 삼호미디어
등　　록 | 1993년 10월 12일 제21-494호
주　　소 | 서울특별시 서초구 강남대로 545-21 거림빌딩 4층
　　　　　www.samhomedia.com
전　　화 | (02)544-9456
팩　　스 | (02)512-3593

ISBN 978-89-7849-688-9 (13690)

Copyright 2012 by SAMHO MEDIA PUBLISHING CO.

출판사의 허락 없이 무단 복제와 무단 전재를 금합니다.
잘못된 책은 구입처에서 교환해 드립니다.